Die Erfolgsrezepte der Küchenclowns

Ein Themenkochbuch

von Milca und Jan Künster

ISBN: 978-3-00-039233-7

www.jan-kuenster.com

Aquarell-Zeichnungen: Jan Künster

Texte: Milca Künster

Grafische Gestaltung, Layout, Satz, Scans: Moritz Künster

Lektorat: Susanne Künster, Roswitha und Dieter Keller

Reproarbeiten: Firma E & R Repro GmbH, Donauwörth

Druck: Auer Buch + Medien GmbH, Donauwörth

Gesetzt aus der Goudy Old Style
Gedruckt auf MultiArt Gloss gestrichenes Bilderdruckpapier

Danke an: Gudrun Schlösser, Elke Labenski
und Lena Puschra

Inhalt

I. Die Jahreszeiten

II. Mottoabende

III. Besondere Feste und Gelegenheiten

IV. Gesundheit

Die Geschichte der Küchenclowns

Als der liebe Gott die Welt und die Menschen erschuf, besann er sich darauf, dass auf der Erde Friedfertigkeit und Fröhlichkeit herrschen sollten. So entstanden zuerst die Weihnachtsmänner und dann die Clowns. Zur Unterscheidung bekamen die Weihnachtsmänner eine rote Zipfelmütze und die Clowns eine rote Nase. Die Weihnachtsmänner wurden über viele Länder verteilt, um an die frohe Botschaft zu erinnern. Die Clowns siedelten in einer fruchtbaren Ebene an einem Ort, den man später Colonia nannte. Sie zelebrierten die Fröhlichkeit, aßen und tranken und feierten.

Unter den lustigen Clowns gab es besondere Küchenclowns, die ausschließlich mit der Zubereitung der erlesensten Speisen beschäftigt waren und die ihr Wissen an die Menschen weitergaben. Die Kunde von den außerordentlichen Kochkünsten verbreitete sich schnell landauf und landab. So ist es nicht weiter verwunderlich, dass schon vor mehr als 2000 Jahren die am Mittelmeer lebenden Römer auf diesen von Gottes Wohlwollen behüteten Ort am großen Fluss Rhenus aufmerksam wurden. Einige von Ihnen wanderten über die Alpen und ließen sich in Colonia nieder. So kam es damals schon zu einem fruchtbaren Austausch mit der mediterranen Küche. Außerdem erweiterten im Laufe der Jahrhunderte zahlreiche Reisende und Zuwanderer aus dem Mittelmeerraum und von den Nordmeeren die Rezepturen der fröhlichen Gesellschaft in vielfältiger Weise.

Die Integrationsfähigkeit der Küchenclowns ist unbegrenzt. Sie reisen häufig in ferne Länder, um immer Neues zu entdecken. Sie tauschen sich aus über Neues aus den Küchen der Haute Cuisine, diskutieren über die Erhaltung der Hausmannskost, fettreduzierte Soßen, längere Garzeiten und die Verbesserung des Geschmacks durch die Verwendung von Bioprodukten aus der Region. Sie schälen, schneiden, kneten und rühren; sie kochen, backen und probieren; sie arrangieren, verzieren und dekorieren. Und – wenn alles fertig ist, dann feiern sie ausgelassen und fröhlich mit Freunden, so wie es in diesem Landstrich üblich ist.

Dies ist die Geschichte der Küchenclowns, die es sich natürlich nicht nehmen lassen den Leser durch ihr viertes Erlebnis-Kochbuch zu führen.

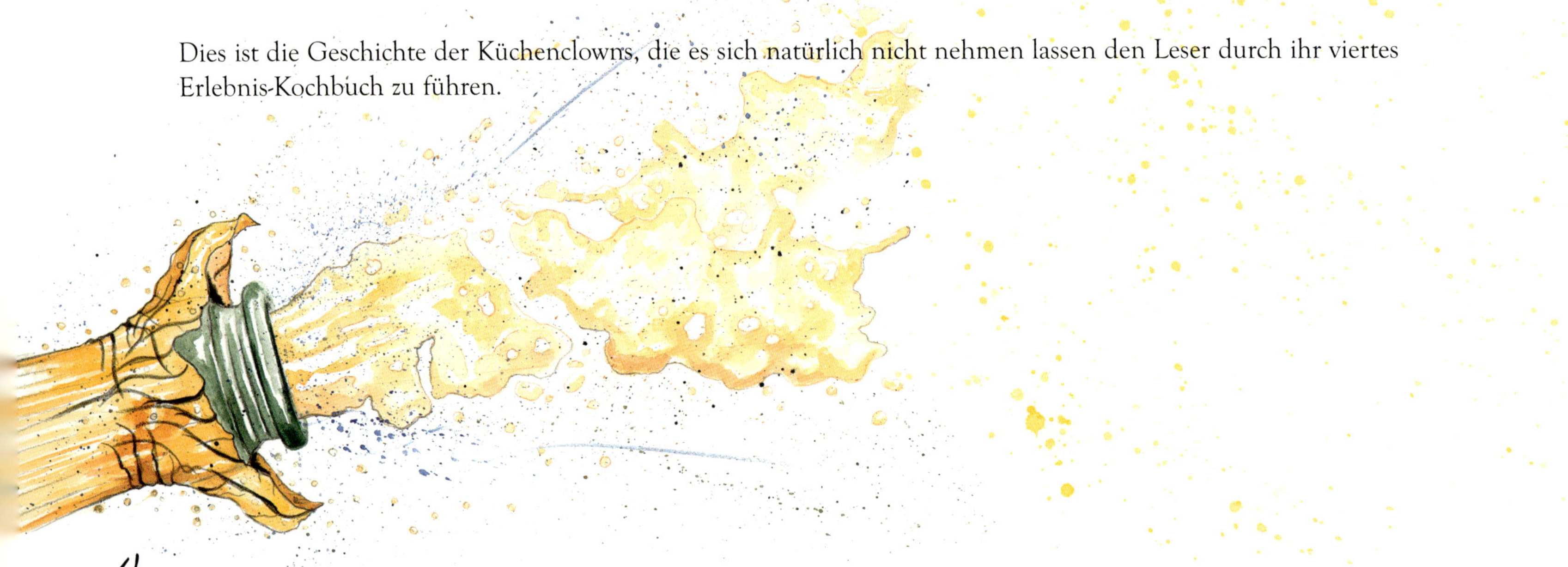

Über dieses Buch

Die Küchenclowns kochen wieder! Sie waren auf Reisen, haben diverse Feste veranstaltet, in kulinarischer Art und Weise die unterschiedlichen Jahreszeiten genossen und schließlich – nach all den Feierlichkeiten – ein paar Wellnesstage eingelegt. Dabei wurden alle Aktivitäten akribisch dokumentiert, die Rezepte gesammelt und aufgezeichnet. In ihrem Buch mit dem Titel „Erfolgsrezepte“ zeigen die kleinen Wesen wieder einmal, wie aus einfachen Zutaten die leckersten Gerichte werden und wie Sie Ihre Gäste ohne große Mühe verwöhnen können. So wird jede Einladung zum Erfolg.

Laden Sie Ihre Freunde zu einem Frühlingserwachen ein; feiern Sie ein Grillfest oder veranstalten Sie einen Empfang. Reisen Sie gerne? Dann entführen Sie Ihre Gäste für einen Abend ans Mittelmeer oder ins schöne Wien. Wie wäre es mal mit einem besonderen schottischen Flair bei Highland-Klängen und Whiskytasting? Ein reiner Männerabend? Kein Problem! Kindergeburtstag, Picknick unter freiem Himmel oder Valentinstag; die Küchenclowns wissen wie es geht und zaubern mit zahlreichen Menüvorschlägen, Tipps für Dekoration, Getränke und Musik eine ganz besondere Atmosphäre für Ihr Fest. Ihre Gäste werden begeistert sein.

Auch in diesem vierten Küchenclown-Kochbuch erheben die Autoren keinerlei Anspruch auf Haute Cuisine. Die Rezepte sind größtenteils einfach und leicht nachzukochen. Wichtig ist, dass die Zutaten von bester Qualität und möglichst frisch sind. Deshalb: Verwenden Sie nur hochwertiges Olivenöl. Ziehen Sie frische Kräuter im Garten, auf dem Balkon oder auf der Fensterbank. Nehmen Sie jungen Knoblauch und reife Tomaten und vermeiden Sie möglichst Dosen- und Fertigprodukte. Frisches schmeckt einfach besser! Probieren Sie Gemüse der Saison aus regionalem biologischen Anbau. Lassen Sie sich dieses Geschmackserlebnis nicht entgehen.

Folgen Sie den rührigen Küchenclowns in die Welt des Genusses und der Lebensfreude. Dann wird es wieder ein frohes Lese- und Kocherlebnis.

I. Die Jahreszeiten

Frühlingserwachen

...mit dem Duft aus tausend Blüten

Die Vögel zwitschern. Die Tage werden länger. Zarte Pastelltöne recken sich aus Töpfen und Schalen und bedecken das Winterweiß. Waldanemonen schmiegen sich in großen Kissen unter die Bäume. Leuchtend gelber Löwenzahn betupft grüne Wiesen und wenn der weiße Flieder blüht, dann ist der Frühling endlich da.

Servieren Sie Ihren Gästen in dieser schönen Jahreszeit ein leichtes Frühlingsmenü...

Crème brûlée vom Spargel

Für 4 Personen

400 g Spargel, Salz, Zucker, etwas Butter, 1 Vanilleschote, 300 ml Sahne, 5 Eigelb, brauner Zucker

1 Liter Wasser mit 1 TL Salz, 3 EL Zucker und 1 Stich Butter zum Kochen bringen. Den Spargel schälen und darin ca. 15 Minuten garen, herausnehmen und abtropfen lassen.
Die Vanilleschote aufschneiden, das Mark herauskratzen. Mark und Schote mit 2 EL Zucker in die Sahne geben, einmal kräftig aufkochen und vom Herd nehmen. Die Schote herausfischen. Den Spargel klein schneiden, mit dem Stabmixer pürieren und durch ein Sieb streichen. Die Eigelbe verquirlen und zusammen mit der Spargelmasse in die Vanillemilch rühren. Die Creme in kalt ausgespülte Schälchen füllen und im Backofen in ein Wasserbad setzen. (Die Schälchen sollten zur Hälfte im Wasser stehen.)
Bei ca. 120 Grad etwa 50 bis 60 Minuten backen, bis die Masse fest geworden ist. Die Förmchen auskühlen lassen und abgedeckt im Kühlschrank aufbewahren. Vor dem Servieren mit braunem Zucker bestreuen und mit einem Bunsenbrenner oder unter dem Backofengrill karamellisieren.

Maischolle mit brauner Butter, Petersilienkartoffeln und Romanesco

Für 4 Personen

4 küchenfertig vorbereitete Maischollen, Salz, Pfeffer, Zitronensaft, etwas Mehl, Butter zum Braten, 500 g neue festkochende Kartoffeln, 1 Romanesco, 200 g Butter

Die Fische waschen, trockentupfen, dann salzen und pfeffern, mit Zitronensaft beträufeln und mit Mehl bestäuben. In großen beschichteten Pfannen reichlich Butter auslassen und den Fisch von jeder Seite etwa 5 Minuten braten. Die Schollen aus der Pfanne nehmen und auf einer Porzellanplatte im Backofen bei 80 Grad warm stellen.

Für die gebräunte Butter: 200 g Butter auslassen und bei geringer Hitze etwa 10-15 Minuten leicht köcheln lassen, bis sie eine bräunliche Färbung annimmt. Dabei häufig umrühren.
Braune Butter hält sich im Kühlschrank mehrere Wochen. Sie lässt sich auch mit Knoblauch, Zitronenschale, Vanilleschoten oder Kräutern sehr gut aromatisieren.

Die Kartoffeln gut waschen und mit der Schale in Salzwasser gar kochen. Den Romanesco in Röschen teilen und ebenfalls im kochenden Salzwasser 5 Minuten garen. Die Maischollen auf großen Tellern mit den Kartoffeln und dem Romanesco anrichten. Etwas braune Butter darüber geben und mit klein geschnittener Petersilie bestreuen.

Frühlingstipp:

Vertreiben Sie für sich persönlich den Winter. Nicht nur die Natur belebt sich neu, auch Körper und Geist sehnen sich nach Sonnenschein und milder Frühlingsluft. Ausgiebige Spaziergänge im Wald, ein Besuch im Zoo, neue Rosen für den Garten, eine Shopping-Tour durch die City oder ein Kurzurlaub am Meer – lassen Sie einfach mal die Seele baumeln!

Erdbeer-Tiramisu

Für 4 Personen

Für die Erdbeersoße
350 g Erdbeeren, 100 ml Orangensaft, 2 EL Puderzucker und 4 EL Cointreau pürieren.

Für die Mascarpone-Masse
500 g Frischkäse mit Joghurt,
250 g Mascarpone, 4 EL Orangensaft,
abgeriebene Schale einer Bio-Orange,
3 EL Zucker, 1 Pck. Bourbon-Vanillezucker,
200 ml Sahne

Die Zutaten außer der Sahne miteinander mischen. Sahne steif schlagen und unter die Mascarpone-Masse heben.

Weiterhin: 250 g Löffelbiskuit, 150 g Erdbeeren

Die Hälfte der Biskuits auf dem Boden einer Auflaufform verteilen und mit reichlich Erdbeersoße beträufeln. Die Hälfte der Creme darüber geben und glatt streichen. Weitere Biskuits darauf legen und mit der restlichen Sauce beträufeln. Den Rest der Creme darüber verteilen und wieder glatt streichen. Im Kühlschrank mindestens 2 Stunden durchziehen lassen. Vor dem Servieren mit Erdbeeren dekorieren.

Zu diesem Menü passt ein leichter frischer Wein wie etwa ein Pinot Grigio.

Sommernachtstraum

Strawberries, cherries and
an angel's kiss in spring...
my summer wine is really
made from all these things...

Text: Lee Hazlewood

Kohlrabicreme mit Jakobsmuscheln

Für 6 Personen

3 mittlere Kohlrabi, 2 mittlere Zwiebeln, ca. 150 g mehlig kochende Kartoffeln, 1 Apfel, 50 g Butter, 1 Liter Gemüsebrühe, 2 EL Olivenöl, Salz, Zucker, Pfeffer a. d. Mühle, 200 ml Sahne, 12 kleine (tiefgefrorene) oder 6 große (frische) Jakobsmuscheln, 2 EL frische Kräuter

Gemüse, Zwiebeln, Kartoffeln und den Apfel schälen und in kleine Stücke schneiden. Zunächst die Zwiebeln in der heißen Butter auslassen, bis sie glasig sind. Danach das restliche Gemüse zugeben und weitere 2 Minuten andünsten. Mit der Brühe ablöschen und die Suppe bei geringer Hitze etwa 20 Minuten köcheln lassen. Mit Salz, Pfeffer und Zucker würzen. Die Suppe fein pürieren. Die nicht ganz steif geschlagene Sahne unterziehen und das Ganze unter Rühren noch einmal aufkochen. Die küchenfertig vorbereiteten Jakobsmuscheln mit Salz und Pfeffer würzen und im heißen Olivenöl von jeder Seite etwa 1 Minute braten. Die Suppe in vorgewärmten Tassen anrichten, die halbierten Jakobsmuscheln dazu geben und mit den frisch geschnittenen Kräutern dekoriert servieren.

Lachs unter der Haube

Für 6 Personen

6 Lachsfilets (entgrätet), Saft von ½ Bio-Zitrone, 6 EL Sojasoße, 3 EL Sherry, 600 g Kartoffeln, 2 EL Butter, 2 Eigelbe, 3 EL Öl, Salz, Pfeffer, 1 EL Reibkäse

Sojasoße, Sherry und Zitronensaft verrühren. Die Lachsfilets darin 30 Minuten marinieren. Die Kartoffeln kochen und noch warm durch eine Kartoffelpresse drücken. Butter, Eigelbe, Öl und 2 EL der Marinade dazugeben und alles gut vermengen. Nach Bedarf salzen und pfeffern. Die Lachsfilets nicht abwaschen, sondern nass aus der Marinade in eine Auflaufform legen. Zwischen den Filets jeweils einen Zentimeter Platz lassen, damit man die Stücke später besser trennen und herausheben kann. Die Kartoffelmasse über dem Fisch verteilen, mit Reibkäse bestreuen – eventuell einige Butterflöckchen darauf setzen – und im vorgeheizten Backofen auf mittlerer Schiene bei 180 Grad etwa 30 Minuten backen, bis die Kruste goldbraun ist.

Dazu passt ein Blattsalat oder in der Pfanne gedünstete Radieschenscheiben.

Eistorte

Für 6 Personen

20 Mandelkekse, 1 Pck. Krokant, 1 Pck. Schokoraspeln, 1 Liter frische Sahne, 2 Pck. Sahnesteif, 2 Pck. Bourbon-Vanillezucker, Erdbeeren zum Garnieren

Mandelkekse in eine Schüssel geben und zerkleinern. Die Stücke nicht zu klein zerbröseln. Krokant und Schokoraspeln dazugeben. Etwas Krokant und einige Raspeln zum Verzieren beiseite legen.
Die Sahne mit Sahnesteif und Vanillezucker steif schlagen und das Bröselgemisch unterheben. Eine Springform einfetten und mit Backpapier auskleiden. Die Sahne einfüllen. Torte mit Krokant und Schokoraspeln bestreuen. Mit einer großen Tüte luftig abdecken und im Gefrierfach – am Besten über Nacht – kalt stellen. Etwa 1 Stunde vor dem Verzehr die Torte aus der Kühlung nehmen, damit sie etwas antaut. Mit Erbeerhälften garniert servieren.

Unser Tipp:

Stimmen Sie Ihre Gäste mit einem **Hugo** auf das leichte Sommermenü ein. Dieser erfrischende Aperitif, der aus dem schönen Südtirol den Weg zu uns gefunden hat, wird Ihre Gäste begeistern.

Sie brauchen pro Person: 100 ml Prosecco, 50 ml Mineralwasser medium, 2 cl Holunderblütensirup, einige Minzeblättchen, 1 Limettenscheibe, Eiswürfel

Die Minzeblättchen in ein großes Weinglas geben und etwas andrücken, um sie zu aromatisieren. Eine Limettenscheibe darauf legen und mit Prosecco, Mineralwasser und Holunderblütensirup auffüllen. Eiswürfel zugeben. Prosit!

Herbstzauber

...mit Früchten aus Feld und Wald

Die Dekoration für Ihr Abendessen finden Sie im Herbst vor der Haustür, im Garten, im Park oder im Wald. Kastanien, Weinblätter, Laub oder Zapfen – alles ist reichlich vorhanden und verschönt den in Rost- und Grüntönen gedeckten Tisch.

Lange Spaziergänge oder Wanderungen im Herbstwind stärken nicht nur das Immunsystem und die Abwehrkräfte vor dem Winter. Sie sind auch Balsam für die Seele!

Kastaniensoufflé

Für 4 Personen

100 g geschälte Kastanien, 25 g Butter, 20 g Mehl, 200 ml Milch, 2 Eigelbe, Salz, 2 Eiweiß, 100 g Ruccola-Salat, 2 EL Olivenöl, 2 EL gehackte Walnüsse, 4 Souffléeförmchen

Den Backofen auf 200 Grad vorheizen. Die Förmchen buttern.
Die Kastanien in Salzwasser 10 bis15 Minuten weich kochen und abgießen. Die Butter schmelzen. Den Topf vom Herd nehmen und unter ständigem Rühren das Mehl hinzufügen. Mit der Milch ablöschen und unter Rühren aufkochen, bis eine sämige Soße entsteht. Mit Salz würzen und die Masse etwas abkühlen lassen.
Die Kastanien mit einer Gabel grob zerdrücken und mit den Eigelben unter die Soße rühren.
Das Eiweiß sehr steif schlagen und vorsichtig unter die Soufflémasse ziehen. Sofort auf die Förmchen verteilen und auf der unteren Schiene im Ofen 20 bis 25 Minuten backen.

Den Ruccola putzen, waschen und trocknen. Die fertigen Soufflées aus dem Ofen nehmen und in den Förmchen noch heiß auf vorbereitete Teller setzen. Den Salat ringsum verteilen, mit etwas Olivenöl beträufeln und mit den Walnüssen bestreut servieren.

Rehsteak mit Pilzen und Rosenkohlpüree

Für 4 Personen

4 küchenfertige Rehsteaks (ca. 3 cm dick geschnitten), 4 EL Butterschmalz, Salz, Pfeffer, 2 EL Butter, 1 Zweig Rosmarin

Für die Soße: 200 g frische Pilze der Saison (Champignons, Pfifferlinge, Austernpilze oder ähnliche), 4 Cocktailtomaten, 2 Schalotten, 2 EL Olivenöl, Salz, Pfeffer, Saft von ½ Bio-Zitrone, 1 EL Worcestersoße, 1 Hand voll frische Kräuter (Rosmarin, Thymian, Schmittlauch), 4 EL Sahne

400 g Rosenkohl, 1 EL Butter, 1 EL Mandelblättchen

Den Backofen auf 100 Grad vorheizen. In die Mitte ein mit einem Rost belegtes Backblech (mit Backpapier) setzen.

Die Steaks waschen und trockentupfen. Jeweils 2 Steaks in einer beschichteten Pfanne in Butterschmalz ringsum von allen Seiten (auch an den Rändern) anbraten und im Backofen auf dem Rost 30 Minuten bei 100 Grad weiter garen.

Den Rosenkohl putzen und in reichlich Salzwasser in ca. 15 Minuten gar kochen, bis die Röschen weich sind.

Währenddessen die Pilze verlesen und je nach Größe halbieren, die Schalotten schälen und klein schneiden. In einer beschichteten Pfanne das Olivenöl erhitzen, Pilze und Schalotten darin bei geringer Hitze braten. Noch nicht salzen, damit die Pilze kein Wasser ziehen. Nach etwa 5 Minuten die halbierten Cocktailtomaten und die fein gehackten Kräuter zugeben und weitere 3 Minuten ziehen lassen. Zum Schluss die Pilzsoße mit Salz, Pfeffer, Worcestersoße und Zitronensaft abschmecken und die Sahne unterziehen. Nach Belieben die Soße mit etwas Speisestärke binden.

Den Rosenkohl mit einigen EL Kochwasser pürieren. Ein EL Butter in einer beschichteten Pfanne auslassen, die Mandelblättchen darin 1 Minute braten und dann unter das Rosenkohlpüree mischen.

In einer Pfanne die restliche Butter erhitzen. Einen Rosmarinzweig hineinlegen und alles aufschäumen lassen. Die Steaks aus dem Ofen nehmen und in der Rosmarinbutter aromatisieren, d.h. darin kurz wenden, jede Seite salzen und pfeffern und auf vorgewärmten Tellern mit den Pilzen und dem Rosenkohlpüree anrichten.

Dieses Gericht verträgt einen kräftigen Rotwein.

Apple Crumble

Für 4 Personen

5 säuerliche Äpfel
(z.B. Boskop), ½ TL Zimt,
50 g Sultaninen, 50 g Mandelstifte,
Saft von ½ Bio-Zitrone, ½ Tasse Calvados

Für die Streusel: 150 g Butter, 200 g Mehl, 120 g Zucker,
1 EL Kokosraspel

Die Äpfel schälen, vierteln, das Kerngehäuse heraustrennen und klein schneiden. Mit Zimt, Mandeln, Zitronensaft und Calvados mischen und 10 Minuten ruhen lassen.

Butter, Mehl, Zucker und die Kokosraspel in eine Schüssel geben. Mit den Händen zu Streuseln verkneten. Eine Auflaufform mit Butter einfetten. Die Apfelmasse hineinfüllen und mit den Streuseln bedecken.
Bei 190 Grad etwa 30 Minuten backen, bis die Streusel goldbraun sind.

Den Crumble noch warm mit Vanillesoße (Rezept Seite 69), Eis oder Sahne reichen.

Crumbles mit Kirschen, Birnen oder frischer Ananas sind auch sehr lecker.

Wintermärchen

...mit Schneezauber und Sternenglanz

Wenn sich die Natur vorübergehend zur Ruhe setzt und draußen Frost und Kälte regieren, dann ist es drinnen bei einem gemeinsamen Abendessen besonders gemütlich.

Thunfischtatar auf Feldsalat

Für 4 Personen

200 g Thunfisch in Sushiqualität, 2 Schalotten, 1 EL Kapern, 1 EL weißer Balsamico-Essig, 1 EL Olivenöl, Salz, Pfeffer, 1 EL Sesam
100 g Feldsalat, 2 EL Olivenöl, 1 EL dunkler Balsamico, Salz, Pfeffer, Saft von ½ Bio-Zitrone, etwas Schnittlauch zur Dekoration

Den Thunfisch waschen, trockentupfen und in feine Tatarwürfelchen schneiden. Schalotten und Kapern fein hacken und mit dem Thunfisch mischen. Essig, Öl und Sesam zugeben, alles vermengen und 5 Minuten ziehen lassen.
Den Feldsalat gut waschen und verlesen. Aus Öl, Essig, Zitronensaft, Salz und Pfeffer eine Vinaigrette zubereiten. Den Feldsalat darin wenden, auf Tellern verteilen und das Thunfischtatar am Besten mit Hilfe von Garnierringen portionsweise darauf anrichten. Mit Schnittlauchröllchen bestreuen und sofort servieren.

Gefüllte Gans mit Rotkohl

Für 4 Personen

1 Gans (ca. 4 kg), Salz, Pfeffer, ½ Liter Geflügelbrühe, ca. 800 g säuerliche Äpfel, 2 Scheiben Schwarzbrot, 250 g entsteinte Backpflaumen, 200 ml Rotwein, 2 EL Zucker, 1 cl Weinbrand
Für die Soße: 1 EL Puderzucker, 1 Zwiebel, 1 Karotte, 100 g Sellerie, 1 TL Tomatenmark, 400 ml Rotwein, 200 ml Geflügelbrühe, ½ Apfel, abgeriebene Schale von ½ Bio-Orange, Salz, 1 EL Butter

Am Vortag die Backpflaumen in 200 ml Rotwein einlegen. Die küchenfertig vorbereitete Gans gründlich waschen und trocknen. Eventuell überschüssiges Fett abschneiden.
Die Gans von innen und außen mit Salz und Pfeffer einreiben. Den Backofen auf 180 Grad vorheizen.
Für die Füllung die Äpfel schälen und in Spalten schneiden. Die Backpflaumen und Apfelstücke mit dem zerbröselten Schwarzbrot, Zucker, Weinbrand und Zimt mischen. Die Gans mit der Mischung füllen und mit Küchengarn zunähen. Mit der Brust nach unten in einen großen Bräter schieben, mit der heißen Brühe übergießen und in den auf 180 Grad vorgeheizten Ofen schieben. Die Gans muss ca. 4 Stunden braten. Bitte alle 20 Minuten mit dem Bratensaft begießen, damit die Haut nicht trocken, sondern schön knusprig wird. Nach ca. 1 Stunde die Gans wenden. (Lassen Sie sich nicht täuschen, wenn die Gans nach 2 Stunden Bratzeit schon äußerlich knusprig erscheint. Sie ist dann noch nicht fertig!)

Etwa 1 Stunde vor Ende der Garzeit die Soße zubereiten:
Das Gemüse schälen und würfeln. Den Puderzucker in einer beschichteten Pfanne karamellisieren lassen. Die Butter und das Tomatenmark zugeben und mit 200 ml Rotwein ablöschen. Die Soße etwas einkochen lassen, dann den restlichen Wein, die Gemüsebrühe und das Gemüse sowie die Orangenschale zugeben. Einige Löffel Bratensaft hinzufügen und alles etwa 30 Minuten bei geringer Hitze köcheln lassen. Die Soße pürieren und mit Salz und Pfeffer abschmecken.

Für den Rotkohl:
1 kleiner Rotkohl, 1 Zwiebel, 1 TL Salz, 2 TL Zucker, ½ Liter Gemüsebrühe, 4 cl Portwein, 4 Wacholderbeeren, 2 Lorbeerblätter, 2 EL Balsamico-Essig, 1 Messerspitze Zimt

Die äußeren Blätter des Rotkohls abziehen und den Kohl in feine Streifen schneiden. Die Zwiebel schälen und fein hacken. In einem geräumigen Topf die Butter auslassen, Rotkohl und Zwiebel dazugeben und alles 10 Minuten unter ständigem Rühren dünsten. Mit der Brühe und dem Portwein ablöschen. Salz und Zucker zugeben, sowie die in einem Gewürzsäckchen verpackten Wacholderbeeren und Lorbeerblätter. Den Rotkohl bei geschlossenem Topf etwa 1 Stunde unter gelegentlichem Umrühren köcheln lassen. Zum Schluss mit Balsamico-Essig und Zimt abschmecken.

Zum Gänsebraten passen natürlich Klöße oder Knödel und begleitend zum ganzen Menü ein kräftiger Rotwein.

Warme Schokotörtchen

Für 4 Personen

100 g Butter, 100 g dunkle Schokolade mit 80% Kakaoanteil, 3 Eier, 100 g Zucker, 50 g Mehl

Die Schokolade in Stücke teilen und zusammen mit der Butter im heißen Wasserbad unter häufigem Umrühren schmelzen. Eier und Zucker mit dem Handmixer schaumig schlagen und mit der Schokoladenmasse verrühren.
Zum Schluss das Mehl darüber sieben und unterheben. Den Teig in kleine Förmchen oder Tassen füllen und bei 180 Grad auf mittlerer Schiene etwa 10 Minuten backen. (Die Törtchen sollen innen noch nicht ganz fest sein.) Mit Puderzucker bestreuen und lauwarm servieren.

Dazu passt eine Fruchtsoße aus gekochten roten Beeren.

Unsere Tipps gegen Kälte:

Lumumba – 1 Tasse heißer Kakao mit einem Schuss Rum und (nach Belieben) Schlagsahne

Irish Coffee – 4 cl Irischen Whisky erhitzen und mit 2 TL Zucker in ein hitzebeständiges Glas geben. Den Whisky flambieren und mit heißem Kaffee löschen. Die Sahne leicht anschlagen und auf den Kaffee geben.

Tee-Punsch – 1 Liter schwarzen Tee zubereiten. Zucker nach Belieben zugeben. Den Tee auf einem Stövchen warm halten. Die Schale von einer Bio-Zitrone oder einer Bio-Orange und ein Sternanis darin 10 Minuten ziehen lassen. Zum Schluss 100 ml Holunderblütensirup und 100 ml Rum hinein geben

Café Carajillo – Espresso mit spanischem Brandy

Weißer Glühwein – 1 Liter trockenen Weißwein in einem Topf mit abgeriebener Schale einer Bio-Zitrone, 100 g weißem Kandiszucker sowie einem Gewürzsäckchen mit 1 Sternanis, 1 Stück Zimtstange, 1 kleines Stück Ingwer und 3 Gewürznelken erhitzen und 100 ml Orangenlikör zugeben. Nicht kochen lassen!

II. Themenabende

Bella Italia

...mit amore und passione

Hier sind drei goldene Grundregeln zu beachten:

1. In Italien scheint immer die Sonne, zumindest mental
2. Das Essen ist das Beste der Welt
3. Mit „amore“ und „passione“ geht alles besser

Unter diesen Aspekten kann ein italienischer Abend nur gelingen!

Bandnudeln mit Safransoße

Für 4 Personen

250 g Bandnudeln (am besten frisch oder selbst gemacht), 4 EL Butter, 1 Zwiebel, 2 EL Weizenmehl, Salz, Pfeffer, ⅛ Liter Fleischbrühe, 50 ml Sahne, 1 Pck. Safran, 1 Bund Petersilie

Die Butter erhitzen. Die klein geschnittene Zwiebel darin glasig dünsten. Das Mehl darüber stäuben und mit der Brühe ablöschen. Dabei ständig umrühren. Den Safran in 2 EL Wasser auflösen, in die Soße rühren und alles sanft köcheln lassen. Zum Schluss die Sahne unterrühren.

Währenddessen die Nudeln im Salzwasser bissfest garen. Die Nudeln im Topf mit der Soße mischen und auf Tellern anrichten.

Seezungenfilets auf Blattspinat

Für 4 Personen

4 küchenfertige Seezungenfilets, 800 g frischer Spinat, 4 EL Olivenöl, 2 Knoblauchzehen, 2 EL trockener Weißwein, Salz, Pfeffer

Für die Soße: 2 EL Butter, 1 kleine Zwiebel, 1 EL gehackte frische Thymianblättchen, ¼ Liter Milch, Salz, Pfeffer, 1 EL Mehl, 200 ml Sahne, 2 Eigelbe, frisch geriebener Parmesankäse, Saft von ½ Bio-Zitrone

Den Backofen auf 200 Grad vorheizen. Den Spinat verlesen und gründlich waschen. Olivenöl in einem großen Topf erhitzen und die sehr fein geschnittenen Knoblauchzehen darin andünsten. Den Spinat in den Topf geben, mit Salz und Pfeffer würzen und den Weißwein zugeben. Unter Rühren den Spinat in ca. 5 Minuten zusammenfallen lassen und den Topf vom Herd nehmen.

Die Zwiebel klein schneiden und in einem EL Butter andünsten. Die fein gewiegten Thymianblättchen einstreuen und mit der Milch aufgießen. Salzen und pfeffern. Kurz aufkochen und den Topf ebenfalls vom Herd nehmen.

Die restliche Butter auslassen, mit Mehl bestäuben und unter ständigem Rühren mit der Thymianmilch und der Sahne ablöschen. Die Soße bei geringer Hitze etwas einkochen, bis eine cremige Masse entsteht.

→

Zum Schluss die Eigelbe und den geriebenen Parmesankäse unterziehen. Eventuell mit Salz und Pfeffer nachwürzen.

Eine geräumige feuerfeste Form gut einfetten. Den Spinat einfüllen. Die Seezungenfilets mit Zitronensaft beträufeln und auf dem Spinat anrichten. Die Soße darauf verteilen und nach Belieben noch etwas Parmesankäse darüber reiben. Den Fisch im Backofen bei 200 Grad etwa 15 Minuten gratinieren.

Orangen-Panna-Cotta mit Walnusskrokant

Für 4 Personen

400 ml Sahne, 1 Vanillestange, 50 g Zucker, 3 Blatt weiße Gelatine, 2 Orangen, 100 g Walnüsse, Orangen zum Verzieren

Die Sahne in einen Kochtopf geben. Die Vanillestange längs aufschneiden, das Mark herauskratzen und mit der Schote und dem Zucker zu der Sahne geben. Alles aufkochen und ca. 15 Minuten leicht köcheln lassen. Dabei immer wieder umrühren.
Die Orangen schälen und filetieren. Die Gelatine ca. 5 Minuten in kaltem Wasser einweichen. Nach 10 Minuten die Orangenfilets in die Sahne geben. Die Vanillestange aus dem Topf nehmen. Gelatine gut ausdrücken und in der heißen Sahne auflösen. Die Sahnemischung in kalt ausgespülte Förmchen oder Tässchen füllen, abkühlen lassen und für mindestens 2 Stunden in den Kühlschrank stellen.
Die Walnüsse klein hacken. Etwas Zucker in einer Pfanne erwärmen bis er flüssig wird. Dann die Nüsse dazu geben und umrühren. Zum Erkalten die Masse in eine Schüssel geben. Vor dem Servieren kleine Stücke abbrechen und die Panna Cotta mit dem Walnusskrokant garnieren.

Unser Tipp:

Natürlich gibt es in Italien nur gute Pasta! Siehe oben! Aber die besten Nudelgerichte haben wir in Rom gegessen im „L´Orange“, nahe der Viale di Trastevere an der Piazza Ippolito Nievo 15. Drei nette ältere Herren beraten, bedienen, kochen, servieren, lamentieren – und es schmeckt sensationell gut!

Vamos a la Playa

mit Tapas und viel Sonnenschein...

Ein spanischer Abend ist ohne Tapas nicht denkbar. Diese kleinen individuellen Häppchen werden in handlichen Schälchen zu Rotwein, Sherry oder Bier gereicht. Sie sind aus Fleisch, Fisch oder Gemüse, einfach oder aufwändig zubereitet, je nach Geschmack, Zeit, Lust und Laune.

Servieren Sie: schwarze und grüne Oliven, Nüsse, Chips

Etwas aufwändiger sind:

- **in Olivenöl oder Knoblauchbutter gebratene Gambas**
- **mit Kräuterkäse und Knoblauch gefüllte Champignons aus dem Backofen**
- **frittierte Tintenfischringe**
- **Serrano-Schinken mit Melone**

Fleischbällchen in Tomatensoße

1 klein geschnittene Zwiebel in 2 EL Olivenöl glasig braten. 500 g gewürfelte Tomaten zugeben und mit ½ Liter Fleischbrühe und einem Glas Sherry ablöschen. Mit Salz, Pfeffer und Zucker würzen und ca. 30 Minuten bei geringer Hitze köcheln lassen.

Für die Fleischbällchen 500 g gemischtes Hackfleisch mit 1 Ei und 2 EL Paniermehl mischen. Mit Salz, Pfeffer und Paprikapulver würzen. Eine ganz fein geschnittene Knoblauchzehe und etwas gehackte Petersilie untermischen und aus der Masse kleine Kugeln formen. Die Hackfleischbällchen in einer Pfanne in wenig Olivenöl kurz rundum anbraten und dann in der heißen Tomatensoße für ca. 20 Minuten ziehen lassen.

Datteln mit Speck

Die Datteln jeweils mit einer schmalen Scheibe Schinkenspeck umwickeln, feststecken und im Backofen bei 200 Grad etwa 15 Minuten backen. Nach Belieben mit etwas Orangenlikör bestreichen.

Gefüllte Blätterteigtaschen

1 Pck. frischer Blätterteig, 100 g Chorizo,
100 g spanischer Manchego, 1 Ei,
Paprikapulver (süß)

Den Blätterteig ausrollen und in Quadrate von 10 x 10 cm schneiden. Chorizo und Käse in kleine Würfel schneiden und jeweils die Mitte der Teigstücke damit belegen. Die Quadrate zusammenklappen, die Ränder fest andrücken und die Teigtaschen mit dem verquirlten Ei bestreichen. Mit Paprikapulver bestreuen und bei 180 Grad auf einem mit Backpapier belegten Backblech auf mittlerer Schiene ca. 20 Minuten backen. Vor dem Servieren 5 Minuten aufbacken.

Frittierte Sardellen

Die Sardellenfilets waschen und trockentupfen, salzen, mit Zitronensaft beträufeln, in Mehl wenden und im heißen Öl ca. 3 bis 5 Minuten frittieren.

Gebratene Kartoffeln mit Chorizo

Den Backofen auf 180 Grad vorheizen. Die Kartoffeln gut waschen und in Stücke von ca. 3 x 3 cm schneiden, mit Olivenöl einreiben und auf ein mit Backpapier belegtes Backblech geben. Mit Salz bestreuen und auf mittlerer Schiene ca. 20 Minuten backen. Die Chorizo in schräge Stücke schneiden und in der Pfanne in etwas heißem Olivenöl kurz von allen Seiten braten. Mit den Kartoffeln mischen und servieren.

Aioli

2 Eigelb, ¼ Liter kräftiges Olivenöl , Salz, Pfeffer, 4 Knoblauchzehen,
Saft von ½ Bio-Zitrone (Alle Zutaten sollten Zimmertemperatur haben.)

Die Eigelbe mit etwas Salz und Pfeffer in eine Schüssel geben und mit dem Schneebesen aufschlagen. Das Öl zuerst tropfenweise zugeben. Wenn die Masse sich verbunden hat, nach und nach das ganze Öl hineinrühren. Die geschälten Knoblauchzehen durch eine Presse drücken und in die Mayonnaise geben. Zum Schluss für die Haltbarkeit einige Spritzer frisch gepressten Zitronensaft einrühren. Die Aioli im Kühlschrank einige Stunden durchziehen lassen.

Paella

Für 4 Personen

250 g Paella-Reis oder Rundkornreis, 3 Pck. Safran (je 0,1 g), ¼ Liter Weißwein, etwa ¾ Liter Brühe, 2 Hähnchenbrustfilets, 100 g Tintenfischringe (unpaniert), 500 g Miesmuscheln, 200 g Shrimps (roh, geschält), 8 EL Olivenöl, 1 rote Zwiebel, 2 Knoblauchzehen, 1 rote Paprikaschote, 2 Tomaten, 10 grüne Oliven ohne Stein, 200 g grüne Erbsen, Salz, Pfeffer

Das Fleisch küchenfertig vorbereiten und in mundgerechte Streifen schneiden, salzen und pfeffern. Zwiebel und Knoblauchzehen schälen und fein hacken. Das Gemüse putzen und würfeln. In einer großen Pfanne – am besten in einer Paella-Pfanne – 3 bis 4 EL Olivenöl erhitzen und den Reis mit Zwiebel und Knoblauch bei mittlerer Hitze darin ca. 5 Minuten anbraten, bis er glasig ist. Unter Rühren den Weißwein, die Hälfte der Brühe sowie die Safranfäden zugeben und den Reis auf kleiner Flamme köcheln lassen. Immer wieder umrühren und nach Bedarf Brühe zugießen. Die Erbsen kochen und zur Seite stellen. Das Fleisch würzen, in einer anderen Pfanne kross anbraten (ca. 5 Minuten) und zum Reis geben. Danach die Tintenfischringe und die Shrimps kurz anbraten (ca. 2 Minuten) und unter den Reis heben.
Mit dem Gemüse genauso verfahren. Immer wieder umrühren und ggf. Flüssigkeit nachgießen. Die Paella darf nicht trocken werden. Zum Schluss die gut geputzten Muscheln (beschädigte Muscheln unbedingt entfernen!) in ½ Liter Brühe in geschlossenem Topf etwa 5 Minuten kochen und mit den Erbsen zum Reis geben. Alles gut umrühren und bei ganz kleiner Hitze die Paella noch etwa 10 Minuten durchziehen lassen.

Crema Catalana

Für 4 Portionen

300 ml Milch, 100 ml Schlagsahne, 1 Prise Salz, 1 Vanilleschote, 2 Eier, 2 Eigelbe, 90 g Puderzucker, abgeriebene Schale von ½ Bio-Zitrone, 40 g Speisestärke, 50 g brauner Zucker

Milch und Sahne mit einer Prise Salz aufkochen. Die Vanilleschote längs aufschneiden und das Mark herauskratzen. Mark und Schote in die Milch geben, noch einmal aufkochen, vom Herd nehmen und ziehen lassen. Währenddessen die Eier mit Zucker und Speisestärke aufschlagen. Die heiße Milch (Vanilleschote entfernen) dazugießen und die Masse unter ständigem Rühren erhitzen. Sobald sie kocht, den Topf vom Herd nehmen. Die noch heiße Creme in kalt ausgespülte Förmchen füllen und erkalten lassen. Über Nacht in den Kühlschrank stellen. Vor dem Servieren die Creme mit braunem Zucker bestreuen.

Unser Tipp:

Besuchen Sie doch einmal die Festa Major de Gràcia in Barcelona. Im Stadtteil Gràcia findet jedes Jahr im August eine Woche lang ein riesiges Straßenfest statt, das mit Karneval vergleichbar ist. Die Straßen sind mit bunten Bändern faszinierend geschmückt.Die Menschen feiern ausgelassen bei zahlreichen Veranstaltungen, Umzügen und Feuerwerk. Es ist ein fröhliches Miteinander der Kulturen.

Vive la France

... mit Laisser-faire und Savoir-vivre

Chansons – als Aperitif vielleicht ein Noilly Prat und zum Essen ein leichter Burgunder, zuerst weiß, dann rot – ganz viel Zeit – und zum Abschluss einen Cognac. Das ist französische Lebensart!

Vorschlag für ein französisches Menü für 6 Personen:

Salade Niçoise

1 Kopfsalat oder 1 kleiner Eisbergsalat, 6 kleine Tomaten, 2 kleine gelbe Paprikaschoten, 3 EL schwarze Oliven (entsteint), 2 rote Zwiebeln, 3 hart gekochte Eier, 12 Sardellenfilets, 1 Dose Thunfisch

Für die Sauce Vinaigrette: 6 EL Olivenöl, 3 EL Weißweinessig, 2 TL Senf, Salz und Pfeffer, 2 TL Honig

Den Salat putzen, waschen und abtropfen lassen, dann in mundgerechte Stücke zupfen. Tomaten vierteln, Paprikaschoten und Zwiebeln putzen und in Streifen bzw. Ringe schneiden. Salat und Gemüse auf den Tellern anrichten. Darüber jeweils Oliven, Sardellenfilets, Thunfisch und geviertelte Eier verteilen.
Für die Vinaigrette die o.g. Zutaten zu einer Soße rühren und über den Salat geben.

Coquilles St. Jacques provençales

12 frische Jakobsmuscheln, 1 Bund Petersilie, 2 Tomaten, 2 Knoblauchzehen, 3 EL Olivenöl, Salz, Pfeffer, 2 EL Rotwein, 6 feuerfeste Schälchen

Die Muscheln küchenfertig vorbereiten, leicht salzen und pfeffern. Im Olivenöl bei mäßiger Hitze von jeder Seite 2 Minuten braten und warm stellen. Die Knoblauchzehen schälen und fein schneiden. Die Tomaten heiß überbrühen, kalt abschrecken, abziehen und das Fleisch in Würfel schneiden. Die Petersilie waschen, trockenschütteln und hacken.
Im Bratenfond die Knoblauchzehen anbraten. Die Tomaten und die Petersilie zufügen Etwas Petersilie zum Garnieren zurück behalten.
Alles 10 Minuten köcheln lassen bis die Soße sämig ist. Zum Schluss den Rotwein zugeben. Je zwei Jakobsmuscheln in kleinen Schälchen mit der Soße anrichten und mit Petersilie bestreut servieren.
Dazu frisches Baguette reichen.

Burgunderbraten

Etwa 2 kg magerer Rinderbraten, ¾ Liter roter Burgunder, 5 Wacholderbeeren, 5 Nelken, 5 Lorbeerblätter, 4 EL Butter, 2 Zwiebeln, 2 Knoblauchzehen, 2 Möhren, ½ Sellerie, 4 EL Butter, Schale von 1 Bio-Orange, Salz, Pfeffer, ½ Liter Brühe

Das Fleisch mit dem Rotwein übergießen, die Gewürzkörner zugeben und über Nacht in einem geschlossenen Topf an kühler Stelle ziehen lassen.
Vor dem Braten das Fleisch herausnehmen und sorgfältig abtrocknen. Mit Salz und Pfeffer einreiben. Zwiebeln und Knoblauch schälen und klein schneiden. Möhren und Sellerie schälen und würfeln. Die Butter in einem großen Schmortopf erhitzen und das Fleisch darin von allen Seiten anbraten. Zwiebeln, Knoblauch, Möhren und Sellerie dazugeben und kurz mitbraten, dann mit dem Rotweinsud ablöschen. Zum Schluss die Orangenschale in die Soße reiben und das Ganze bei geringer Hitze ca. 80 Minuten schmoren. Nach und nach mit Brühe aufgießen.
Vor dem Servieren das Fleisch herausnehmen und warm stellen. Die Soße eventuell mit etwas Speisestärke binden. Das Fleisch schneiden und in der Soße anrichten.

Gemüse aus dem Ofen

1 Zucchini, je 1 rote und 1 gelbe Paprikaschote, 2 rote Zwiebeln, 4 mittlere Kartoffeln, 3 EL Olivenöl, Salz, Pfeffer, 1 Hand voll frische Kräuter

Kartoffeln und Gemüse putzen, waschen und in möglichst gleich große Stücke schneiden. In einer Schüssel das Gemüse würzen und mit dem Olivenöl mischen, dann auf einem mit Backpapier ausgelegten Blech verteilen und im Backofen bei 200 Grad etwa 20 bis 30 Minuten backen. Die klein geschnittenen Kräuter erst zum Schluss über das Gemüse geben, damit sie nicht verbrennen.

Tarte au Citron

Für den Teig: 250 g Mehl, 125 g Butter
1 Ei, 20 g Zucker, 1 Prise Salz

Für die Füllung: 2 Bio-Zitronen,
2 Eier, 75 g Butter, 20 g Maizena
oder Speisestärke, 230 g Zucker

Die Zutaten für den Teig gut miteinander verkneten, so dass eine homogene Masse entsteht. Daraus eine Kugel formen und im Kühlschrank mindestens 30 Minuten ruhen lassen.

Den Backofen auf 180 Grad vorheizen. Mit einem Zestenreißer die Schale von den Zitronen kratzen. Die Früchte auspressen und den Saft auffangen. Die Butter bei geringer Hitze schmelzen. Die Eier in einer Schüssel mit dem Zucker verschlagen, bis die Masse weißlich wird. Nun vorsichtig die geschmolzene Butter, das Maizena, die Zesten und den Zitronensaft zugeben und alles sorgfältig vermischen.

Den Teig auf einer bemehlten Fläche ausrollen und eine Tarteform damit auskleiden. Mit einer Gabel ein paar Mal in den Boden einstechen. Die Zitronencreme gleichmäßig auf dem Teig verteilen. Die Tarte für etwa 30 bis 35 Minuten auf mittlerer Schiene backen. Vorsichtig aus der Form lösen und auf einem Rost auskühlen lassen.

Unser Tipp:

Das „La Voglia“ in Nizza nahe des Blumenmarktes in der Altstadt hält drinnen viel mehr als es von draußen verspricht. Man serviert hervorragendes Essen bei moderatem Preis-Leistungs-Verhältnis. Achtung: Eine Platzreservierung ist nicht möglich.
Und – wenn man schon einmal in Nizza ist – unbedingt im Hotel „Negresco“ Kaffee trinken!

Wiener Schmäh

Wenn im Prater die Bäume blüh'n...

dann ist es Zeit für einen Abend mit Johann Strauss und Mozartkugeln.

Schinkenfleckerl

Für 4 Personen

200 g Fleckerl (österreichische Nudelspezialität), ersatzweise Bandnudeln, 50 g Butter, 2 Eier, 200 g gekochter Schinken, ¼ Liter saure Sahne, Salz, Pfeffer, Muskat, 2 EL Reibkäse

Den Backofen auf 180 Grad vorheizen. Die Nudeln bissfest garen und abtropfen lassen. Die Butter schaumig rühren. Die Eier trennen. Das Eigelb aufschlagen und in die Butter rühren, mit etwas Salz, Pfeffer und abgeriebener Muskatnuss würzen. Den Schinken in Würfel bzw. kleine Stücke schneiden und mit den Nudeln unter die Eiermischung geben. Saure Sahne unterrühren und zum Schluss die zu Schnee geschlagenen Eiweiße unterheben. Die Masse in eine gefettete Auflaufform füllen, Reibkäse darüber streuen und das Ganze auf mittlerer Schiene etwa 30 – 40 Minuten backen.

Rinderkraftbrühe

Bei diesem Rezept müssen wir vorgreifen, denn die Brühe vom nachstehend beschriebenen Tafelspitz ist der ideale Zwischengang in diesem Menü. Sie können die Suppe nach Wunsch mit etwas gedünstetem Fenchel oder frisch gekochten Erbsen und Kräutern verfeinern.

Tafelspitz mit Meerrettichsoße und Kartoffelschmarrn

Für 4 Personen

Für den Tafelspitz: 1,5 kg Tafelspitz (alternativ mageres Rindfleisch zum Kochen geeignet), 2-3 Liter Gemüsebrühe, 1 Bund frisches Suppengemüse, 4 schwarze Pfefferkörner, 4 Lorbeerblätter, 2 TL Salz

Den Tafelspitz in heißem Fett rundum anbraten. Währenddessen die Gemüsebrühe mit dem fein geschnittenen Suppengemüse zum Kochen bringen. Die Pfefferkörner und die Lorbeerblätter in einem Tee-Ei verschließen und mitkochen. Den angebratenen Tafelspitz in die Brühe geben. Je nach Größe den Tafelspitz auf ganz kleiner Flamme ca. 3-4 Stunden ziehen lassen – nicht kochen. Nach ca. 2 Stunden das Salz zur Suppe geben.

Für die Meerrettichsoße: 3 EL Butter, 3 EL Mehl, 3-4 EL frisch geriebener Meerrettich, etwa 300 ml Tafelspitzbrühe, Salz, Pfeffer, 2 EL Sahne

Die Butter auslassen, mit 3 EL Mehl bestäuben und mit 3 bis 4 Kellen Tafelspitzbrühe ablöschen, dabei ständig umrühren. Den Meerrettich zugeben und die Soße glatt rühren. Ca. 5 Minuten auf kleiner Flamme köcheln lassen. Die Soße mit Salz und Zucker abschmecken und weitere 5 Minuten köcheln. Dabei ständig umrühren. Eventuell noch ein wenig Brühe zugeben, damit die Soße nicht zu dick wird. Zum Schluss die Sahne in die Sauce geben. Nicht mehr umrühren!

Für den Kartoffelschmarrn: 1 kg Kartoffeln, Salz, 2 EL Mehl, Butterschmalz zum Braten

Die Kartoffeln mit der Schale kochen und abkühlen lassen. Pellkartoffeln abziehen, stampfen, salzen und mit etwas Mehl zu einer bröseligen Masse verarbeiten. In Butterschmalz unter häufigem Wenden knusprig braten (etwa 10 Min).

Unser Tipp:

Wer es gediegen mag, der fährt zum Buschenschank Nierscher nach Klosterneuburg am Kierlinger Forst. Der Weg zu diesem besonderen Heurigen (etwa 20 Minuten) lohnt sich, denn dort kann man phantastisch essen und die Weine aus eigenem Anbau genießen. Es gibt einen riesigen Garten mit Spielplatz und Gehegen, so dass auch die Kinder nicht zu kurz kommen. „Ausg´steckt is“ von März bis November.

Palatschinken mit Nüssen und Schlagobers

Für 4 Personen

Für die Palatschinken (Pfannkuchen): 250 ml Milch, ⅛ Liter Mineralwasser, 3 Eier, 200 g Mehl, 1 Prise Salz, Öl zum Backen

Für die Füllung: 200 g gem. Haselnüsse, 200 ml Milch, 4 EL Honig, 1 EL Zucker, 3 EL Nusslikör, etwas Zimt, 1 EL Puderzucker,

Für den Schlagobers:
200 ml Sahne, 1 Pck. Bourbon-Vanillezucker, 1 EL Puderzucker

Aus den Zutaten für die Pfannkuchen mit dem Handmixer einen Teig rühren und diesen für ca. 30 Minuten kühl stellen. In heißem Öl 8 kleinere dünne Küchlein backen und im Backofen bei 80 Grad warm stellen.
Für die Füllung die Milch kurz erwärmen und die weiteren Zutaten unterrühren. Die Sahne mit dem Vanillezucker steif schlagen. Die Palatschinken mit der Füllung bestreichen und aufrollen, auf Tellern anrichten, mit Puderzucker bestreuen und mit Schlagobers servieren.

Scottish Highlands

...mit Whisky, Kilt und Dudelsack

Für diesen Abend brauchen Sie natürlich einen guten schottischen Whisky, eine Dekoration im buntkarierten Tartan-Muster und die wundersamen Klänge der Highland-Pipers zur Einstimmung Ihrer Gäste.

Partan-Tarte (Krabben-Torte)

Für 6 Personen

Für den Teig: 250 g Mehl, 150 g kalte Butter, 1 Prise Salz, 1 Ei
Für den Belag: 400 g Krabben, 2 Eier, 200 ml Sahne, Salz, Pfeffer, Saft von ½ Bio-Zitrone, 2 EL frische Petersilie

Die Butter in Flöckchen schneiden und mit dem Mehl mischen. Salz und Ei zugeben und alles zu einem glatten Teig verkneten. Diesen in Folie wickeln und mindestens 30 Minuten kalt stellen.

Eine Tarteform mit dem Teig auslegen, dabei an den Seiten hochziehen. Die Krabben gleichmäßig darauf verteilen. Eier und Sahne verquirlen, mit Salz, Pfeffer, Zitronensaft und Muskat würzen und die klein geschnittene Petersilie hinzufügen. Die Eiermasse über die Krabben geben und die Tarte auf mittlerer Schiene bei 180 Grad etwa 50 Minuten backen.

Lachs mit Preiselbeersahne

1 Seite geräucherter Lachs aus den Highlands, 200 ml Sahne, 3 EL Wildpreiselbeeren, 3 EL Tafel-Meerrettich

Lachs mit einem speziellen Messer in dünne Scheiben schneiden (oder bereits geschnitten kaufen) und dekorativ auf einer Platte anrichten. Sahne schlagen, Preiselbeeren und Meerrettich unterheben und zum Lachs servieren.
Dazu hart gekochte, in Scheiben geschnittene Eier und frisches Weißbrot reichen.

Natürlich sind die oben angegebenen Mengen für einen Zwischengang viel zu groß, aber es ist für Ihre Gäse etwas ganz Besonderes, wenn Sie einen frisch von der Seite geschnittenen Lachs servieren. Das Geschmackserlebniss ist einfach außergewöhnlich...

Schottische Steaks

Für 6 Personen

6 Filetsteaks oder Rib-Eye-Steaks, 50 g Butter, 3 mittelgroße Zwiebeln, 250 g Champignons, 2 EL Mehl, ⅛ Liter Brühe, Salz, Pfeffer a. d. Mühle, 6 cl schottischer Whisky, 2 cl Sahne

Zwiebeln und Champignons putzen und in Ringe bzw. Scheiben schneiden. Die Steaks mit Salz und Pfeffer würzen. Butter in einer großen Pfanne auslassen und die Steaks bei starker Hitze anbraten, dann je nach Dicke und nach gewünschter Garung (blutig, medium oder durch) von jeder Seite 4 bis 6 Minuten braten. Das Fleisch herausnehmen und im Backofen bei 80 Grad warm halten. Im Bratfett die Zwiebelringe etwa 5 Minuten braten, dann die Champignons zugeben und das Ganze noch einige Minuten garen.

Die Pilz-Zwiebel-Mischung mit Mehl bestäuben und mit der Brühe ablöschen. Unter Rühren noch einige Minuten köcheln lassen.
Zum Schluss Whisky und Sahne in die Soße geben und mit Salz und Pfeffer abschmecken. Die Steaks mit der Zwiebel-Champignon-Soße und Bandnudeln auf warmen Tellern anrichten.

Cranachan

Für 6 Gläser

400 g Himbeeren, 300 ml frische Sahne, 1 Pck. Sahnesteif, 3-4 EL flüssiger Honig, 1 EL Puderzucker, 2-3 EL schottischer Malt Whisky, 6 EL Hafer-Crunchies

Die Himbeeren verlesen und waschen, mit etwas Zucker bestreut etwa 5 Minuten marinieren. Die Sahne mit Sahnesteif schlagen, bis sie sehr fest ist. Honig, Puderzucker, Whisky und ⅔ der Crunchies vorsichtig unterheben. Abwechselnd Himbeeren und Whiskysahne in Dessertgläser oder Whiskybecher füllen. Mit Sahne abschließen. Die Becher mindestens 1 Stunde kühl stellen. Vor dem Servieren mit den restlichen Crunchies garnieren.

Das Originalrezept wird mit gerösteten Haferflocken zubereitet, aber Crunchies geben dem Dessert mehr Biss.

Unser Tipp:

Wie wäre es mit einem Whiskytasting? Wer hat die beste Nase? Wer hat den besten Gaumen?

Übrigens – Wussten Sie schon, dass pro Jahr ein Anteil zwischen 0,5 und 1,0 Prozent des schottischen Whiskys durch die Poren der Holzfässer bei der Lagerung verdunstet. Man nennt dies liebevoll „Angels' Share", also frei übersetzt „Schluck der Engel". Deshalb sind die Engel in Schottland auch immer gut gelaunt.

In Vino Veritas

...mit dem Geist des Weines

Wein spielt bereits seit dem klassischen Altertum eine bedeutende Rolle. Anbau, Handel und Umgang mit diesem edlen Rebensaft prägte die kulturelle und gesellschaftliche Ausgestaltung verschiedenster Völker, Religionen und Mythen. Man denke nur an die Griechen und die Römer, die eigene Götter zur Regelung des Weinbaus erschaffen haben.
Wein ist nicht nur ein Getränk. Wein ist Wahrheit, Wissenschaft und Philosophie. Wein ist Kunst!

Salat mit Roastbeef in Vermouth-Vinaigrette

Für 4 Personen

400 g gemischter Blattsalat der Saison, 4 Scheiben Roastbeef, etwas Schnittlauch
Für die Vinaigrette: 1½ EL Dijonsenf, 4 EL Sonnenblumenöl, 1 EL Rotwein oder Rotweinessig, 2 EL Vermouth (z.B. Martini), 1 EL gehackte Schalotten, Salz, Pfeffer

Den Salat verlesen, waschen und trockenschütteln.
Aus den weiteren Zutaten eine Vinaigrette rühren und über den Salat geben. Alles gut mischen und auf Tellern anrichten. Jeweils eine Scheibe Roastbeef aufgerollt darüber legen.
Mit Schnittlauchröllchen bestreuen und sofort servieren.

Beerensorbet mit Grappa

Für 4 Personen

200 g frische rote Beeren (alternativ tief gekühlt), 50 g Puderzucker, 2 cl Grappa

Die Zutaten mit einem Pürierstab mischen. Die Masse in eine Gefrierdose füllen und für mindestens 6 Stunden ins Eisfach stellen. Während des Kühlvorgangs die Masse mehrfach umrühren, damit sich keine großen Eiskristalle bilden. Zum Servieren mit einem Löffel Kugeln ausstechen und in Gläser füllen. Nach Belieben mit einigen Beeren dekorieren.

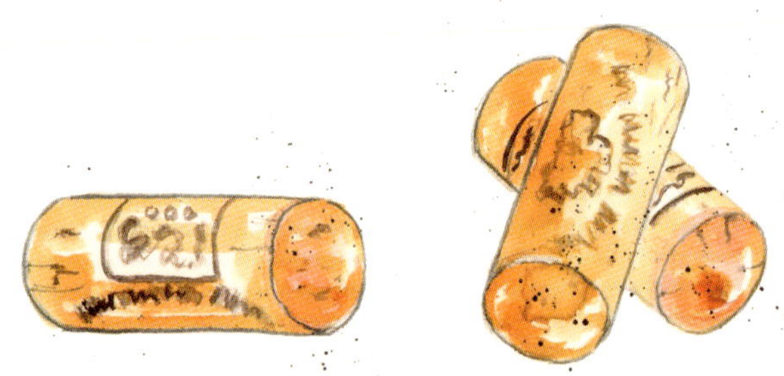

Domaine

Beschwipster Zander

Für 4 Personen

4 küchenfertige Zanderfilets, Salz, Pfeffer, 2 EL Reibkäse, 50 g Butter, 2 Schalotten, 2 EL Mehl, 50 ml Riesling, 150 ml Brühe, 2 EL Sahne, Saft von einer Bio-Zitrone

Die Fischfilets waschen, trockentupfen, leicht salzen und pfeffern. Den Fisch in eine gebutterte Auflaufform legen und etwas Reibkäse darüber streuen. In die Mitte des Ofens schieben und bei 180 Grad für etwa 15 Minuten backen.

Die Butter auslassen und die sehr fein gewürfelten Schalotten darin glasig anbraten. Den Topf vom Herd nehmen. Das Mehl einstreuen und mit einem Schneebesen gut verrühren, dann mit Weißwein und Brühe ablöschen und unter Rühren aufkochen bis eine cremige Soße entsteht. Mit Salz und Pfeffer abschmecken und zum Schluss die Sahne zugeben. Den Fisch mit der Soße auf vorgewärmten Tellern anrichten.

Dazu kann man Reis oder Nudeln reichen und als Getränk natürlich den guten Riesling, der auch die Soße veredelt.

Weincreme

Für 4 Personen

½ Liter Weißwein, ¼ Liter Wasser, Saft einer Bio-Zitrone, 4 Eier, 1 Pck. Bourbon-Vanillezucker, 1 Pck. Vanillepudding, 6 EL feiner weißer Zucker, Weintrauben zum Dekorieren

Alle Zutaten in einen Kochtopf geben und so lange rühren bis die Masse bindet. Die Creme darf nicht kochen! Deshalb nach dem 1. Blubb den Topf vom Herd nehmen. Die Weincreme in kalt ausgespülte Gläser füllen und erkalten lassen. Vor dem Servieren mit Weintrauben dekorieren.

Unser Tipp:

Es wäre sicherlich vermessen, an dieser Stelle auf besondere Weine hinzuweisen. Da gibt es sehr kompetente Persönlichkeiten, die nicht nur hervorragendes Wissen, sondern auch einen ganz besonderen Gaumen haben, der noch die winzigsten Nuancen bemerkt. Lassen Sie sich einfach von diesen „Wissenden" beraten. Schmecken Sie, sammeln Sie Erfahrungen, erspüren Sie für sich persönlich die feinen Unterschiede und Sie werden schon bald merken, wie auch Ihr Weinwissen wächst.

III. Besondere Feste und Gelegenheiten

Kindergeburtstag

...mit Li-La-Laune

Schneller Zitronenkuchen

250 g Weizenmehl, 1 TL Backpulver, 1 Pck. Vanille-Pudding, 250 g Zucker, 2 Pck. Bourbon-Vanillezucker, Saft und abgeriebene Schale von einer Bio-Zitrone, 4 Eier, 250 g Butter

Für die Glasur: 150 g Puderzucker, 3 EL Zitronensaft

Den Backofen auf 180 Grad vorheizen. In einer großen Schüssel Mehl mit Backpulver und Puddingpulver mischen. Zucker, Vanillezucker, die abgeriebene Schale und den Saft der Zitrone, die Eier und die weiche Butter zugeben und mit dem Handrührgerät rasch zu einem glatten Teig verarbeiten. Diesen auf ein mit Backpapier vorbereitetes Backblech streichen und etwa 30 Minuten auf mittlerer Schiene in den Ofen schieben.
Den Kuchen abkühlen lassen. Für die Glasur tropfenweise Zitronensaft zum Puderzucker geben und daraus einen dickflüssigen Guss rühren. Über den Kuchen streichen – fertig!

Kalter Hund

300 g dunkle Schokolade, 300 g Vollmilchschokolade, 300 g Butter, 50 g Puderzucker, 300 - 400 g Butterkekse, Kakaopulver zum Bestreuen

Die Schokolade grob zerkleinern und zusammen mit der Butter in einer Schüssel im heißen Wasserbad schmelzen. Den Puderzucker unterrühren und die Masse ein wenig abkühlen lassen. Eine Kastenform (28 cm) mit Klarsichtfolie auslegen. Einige EL Schokocreme auf den Boden der Form geben und eine Lage Kekse darauf legen. Dann wieder Creme nachfüllen und mit Keksen belegen. So Schicht für Schicht weiter verfahren, bis Creme und Kekse verbraucht sind. Mit einer Lage Schokolade abschließen. Den Kuchen abkühlen lassen und dann für mindestens 4 Stunden, besser noch über Nacht, zugedeckt in den Kühlschrank stellen. Zum Servieren den Kuchen aus der Form nehmen, die Folie abziehen und Kakao darüber streuen.

In der Weihnachtszeit kann man die Schokoladenmasse mit etwas Kardamom oder Lebkuchengewürz verfeinern.

Dreierlei Muffins

Grundrezept jeweils für 12 Muffins. Als Maß dient ein Kaffeebecher.

2 Becher Weizenmehl, 1 Becher Zucker, 1 Pck. Bourbon-Vanillezucker, 2 TL Backpulver, 2 Eier, ½ Becher Sprudelwasser, ½ Becher Sonnenblumenöl

Den Backofen auf 180 Grad vorheizen.

Zunächst die trockenen Zutaten, dann in einer separaten Schüssel die nassen Zutaten mischen. Beide Massen zu einem lockeren Teig verrühren. Diesen in Muffinformen oder Papierförmchen füllen und ca. 20 bis 25 Minuten backen.

Für Bananenmuffins
3 zerdrückte reife Bananen unter den Teig mischen.

Für Schokomuffins
100 g Schokoraspeln unterheben.

Für Kokosmuffins
100 g Kokosflocken in den Teig geben.

Gemüseburger

1 kg mehlig kochende Kartoffeln, 2 Zucchini, 2 Möhren, 1 Zwiebel, 50 g Haferflocken oder Paniermehl, Salz, Pfeffer, Sonnenblumenöl zum Braten

Kartoffeln schälen, Zucchini und Möhren putzen und das Gemüse entweder von Hand oder in einer Küchenmaschine raspeln. Die Zwiebel putzen und sehr fein schneiden, dann mit den Haferflocken (alternativ Paniermehl) unter die Gemüsemasse geben. Mit Salz und Pfeffer abschmecken. Aus der Masse kleine flache Brätlinge formen und im heißen Öl von jeder Seite 3 bis 4 Minuten braten.

Würstchenspieße

Für die Würstchenspieße Cocktailwürstchen halbieren und abwechselnd mit Gurkenscheiben und Goudawürfeln, vielleicht auch mit kleinen Tomaten auf Holzspieße stecken. Das schmeckt doch viel besser als „einfach nur Würstchen“.

Tea Time

... die feine englische Art

Tee ist ein wunderbares Getränk – beruhigend, erfrischend, anregend oder auch heilend, je nach Sorte und Zubereitung.

In Großbritannien ist der 17.00 Uhr-Tee eine besondere Ausdrucksform kultureller Brauchtumspflege. Tea Time ist konkret eine nicht weg zu denkende gesellschaftliche Notwendigkeit, die keine Ausnahmen zulässt. Versuchen Sie doch auch einmal, eine Stunde der Gelassenheit einzulegen. Laden Sie zur Tea Time ein.

Scones mit Sahne und Marmelade

Für etwa 10 Scones

250 g Mehl, 1 Pck. Bourbon-Vanillezucker (oder Mark von 1 Vanilleschote), 2 TL Weinstein Backpulver, 50 g Puderzucker, 1 Prise Salz, 100 g kalte Butter, ⅛ Liter Milch, 2 EL Sahne
Für die Schlagsahne: 200 ml Sahne, 2 Pck. Sahnesteif, 2 Pck. Bourbon-Vanillezucker

Mehl, Vanillezucker, Backpulver, Zucker und Salz vermischen. Die in kleine Stücke geschnittene Butter sowie die Milch zugeben und alles zu einem glatten Teig verkneten. Daraus eine Kugel formen und in Folie gewickelt für ca. 1 Stunde kalt stellen. Den Teig auf einer bemehlten Arbeitsfläche weiter verarbeiten. Nochmals durchkneten und dann dick auf etwa 2 cm ausrollen. Mit einer Tasse Kreise von ca. 6 cm Durchmesser ausstechen. Die Teigkreise auf ein mit Backpapier belegtes Backblech setzen und mit Sahne bestreichen. Bei 200 Grad auf mittlerer Schiene etwa 15 Minuten backen. Währenddessen die Schlagsahne mit Sahnesteif und Bourbon-Vanillezucker steif schlagen. Die Scones etwas abkühlen lassen, in der Mitte aufschneiden und auf die Hälften dekorativ Schlagsahne und Marmelade geben.

Tipp: Wenn es schnell gehen soll, können Sie für den Teig auch fertigen Blätterteig verwenden. Einfach ausrollen, Kreise ausstechen und wie oben beschrieben verfahren.

Marmeladen

Es ist überhaupt kein Problem, Marmelade selber zu kochen: Für 600 g küchenfertig vorbereitete Früchte (z.B. Erdbeeren, Pfirsiche, Pflaumen, Kirschen) benötigen Sie 200 g Gelierzucker 1:3. Beides mischen und in einem großen Topf unter ständigem Rühren sprudelnd aufkochen. Die Masse noch heiß in kalt ausgespülte Marmeladengläser füllen. Die Gläser sofort verschließen, auf den Kopf stellen und erkalten lassen. Diese Marmelade ist nicht so süß, da das Verhältnis von Zucker zur Frucht nur 1:3 beträgt.

Teekuchen

Die Maßeinheit für diesen genial einfachen Kuchen ist ein Kaffeebecher.

1 Becher feiner weißer Zucker (unraffiniert), 1 Becher Butter,
3 Becher Weizenmehl, 1 Becher schwarzer Tee,
3 Eier, 2 TL Weinstein-Backpulver,
1 Pck. Bourbon-Vanillezucker,
1 EL gehackte Mandeln

Den Backofen auf 180 Grad vorheizen. Die Zutaten mit einem Handrührgerät zu einem festen Teig verarbeiten und in eine gefettete Kastenform füllen. Auf der mittleren Schiene etwa 30 Minuten backen. Nach dem Erkalten Puderzucker darüber sieben.

Teecreme mit Honig und Pfirsichen

Für 6 bis 8 Portionen

2 TL Teeblätter (Dajeerling oder Earl Grey), 250 ml Milch, 200 ml Sahne, 4 Eigelbe, 80 g Puderzucker,
3 kleine Pfirsiche, 2 EL Butter, 1 EL Honig, dunkle Schokolade zum Raspeln

Den Backofen auf 100 Grad vorheizen. Milch und Sahne unter Rühren aufkochen, die Teeblätter damit übergießen und 5 Minuten ziehen lassen. Die Milch durch ein Sieb gießen. Die Eigelbe mit dem Puderzucker schaumig schlagen und in die Sahne-Milch gießen. Die Creme in gebutterte ofenfeste Förmchen füllen und im Backofen auf mittlerer Schiene in ca. 1 Stunde fest werden lassen. Nach dem Backen die Creme abkühlen lassen und in den Kühlschrank stellen.
Vor dem Servieren die Butter in einer beschichteten Pfanne schmelzen und den Honig unterrühren. Die Pfirsiche schälen, in Spalten schneiden und in der Honigbutter wenden. Die Teecreme auf Teller stürzen und mit den Pfirsichspalten anrichten.

Unser Tipp:

Die besondere Art der britischen Tea Time genießt man am besten im Herzen von London in der gediegenen Atmosphäre eines großen Hotels wie Savoy oder The Ritz London oder im Clarige´s. Bereits dafür lohnt sich ein Ausflug in diese lebhaft verrückte Metropole.

Kaffee und Kuchen

... aber bitte mit Sahne

Guglhupf

5 Eier, 250 g Zucker, 150 g Mehl, 100 g gemahlene Haselnüsse, 250 ml Schlagsahne, 1 Pck. Bourbon-Vanillezucker, ½ TL Backpulver, 150 g dunkle Schokolade (70 % Kakaoanteil), etwa 30 g Butter, 2-3 EL Sahne

Den Backofen auf 180 Grad vorheizen. Die Eier mit Zucker und Vanillezucker schaumig rühren, bis sich der Zucker aufgelöst hat. Mehl und Backpulver darüber sieben und die Nüsse zugeben. Die Sahne steif schlagen und unterheben. Den Teig in eine gefettete Guglhupfform füllen und auf mittlerer Schiene ca. 50 Minuten backen. Für die Glasur die Schokolade im heißen Wasserbad schmelzen, Butter und Sahne unterrühren und den erkalteten Kuchen damit überziehen.

Gedeckter Apfelkuchen vom Blech

400 g Mehl, 180 g Zucker, 2 Eier, 4 EL Sahne, 125 g Butter, 1½ kg säuerliche Äpfel (z.B. Boskop), 1 EL gehackte Mandeln, Saft von 2 Bio-Zitronen, 100 g Puderzucker

Mehl, Zucker, Eier, Sahne und Butter zu einem festen Teig verkneten. Diesen dann in Folie wickeln und für ca. ½ Stunde in den Kühlschrank legen. Währenddessen die Äpfel schälen und in kleine Stücke schneiden. Mit den Mandeln und dem Saft einer Zitrone vermischen und ca. 20 Minuten ziehen lassen. Den Backofen auf 220 Grad vorheizen. Ein Backblech vorbereiten. ⅔ des Teigs auf Backblech-Größe ausrollen und auflegen. Darauf die Apfelstücke gleichmäßig verteilen. Den restlichen Teig dünn ausrollen und den Kuchen damit bedecken.

→

Auf mittlerer Schiene etwa 40 bis 50 Minuten backen. Den Kuchen herausnehmen und abkühlen lassen.
Für den Zitronenguss 100 g Puderzucker mit dem Saft einer Zitrone zu einer dicklichen Glasur verrühren und über den Kuchen streichen.

Schwarzwälder Kirschtorte

Für den Mürbeteigboden:
100 g Butter, 50 g Puderzucker, 1 Pck. Bourbon-Vanillezucker, 1 Prise Salz, etwas abgeriebene Schale einer Bio-Zitrone, 150 g Weizenmehl

Die Zutaten mit den Händen zu einem festen Teig kneten und in Folie gewickelt mindestens 30 Minuten kalt stellen. Eine Springform von 26 cm mit Backpapier bespannen, den Teig entsprechend ausrollen und hineinlegen. Mit einer Gabel mehrfach einstechen. Den Mürbeteig bei 180 Grad auf mittlerer Schiene etwa 15 Minuten backen. Er soll nicht zu dunkel werden.

Der Unterboden aus Mürbeteig ist wichtig, damit der getränkte Biskuitboden besseren Halt hat.

Für den Biskuit:
6 Eier, 300 g Zucker,
300 g Weizenmehl, 2 EL Kakaopulver,
1 Pck. Bourbon-Vanillezucker,
1 TL Backpulver, 1 cl Sonnenblumenöl,
2 cl Mineralwasser

Eier und Zucker mit dem Handmixer schaumig rühren. Mehl mit Kakaopulver, Vanillezucker und Backpulver mischen. Nach und nach in die Eiermasse sieben und vorsichtig unterheben. Den Teig in eine gefettete Springform füllen und auf mittlerer Stufe bei 190 Grad etwa 30 bis 40 Minuten backen.

Den Teig aus der Backform lösen und zum Abkühlen umdrehen, damit er eine glatte Oberfläche bekommt.

Wenn Sie den Biskuitteig am Vortag zubereiten, lässt er sich besser verarbeiten.

Für Belag und Füllung:
1,2 Liter Sahne,
50 g Puderzucker,
4 Pck. Sahnesteif,
1 großes Glas Sauerkirschen,
¼ Liter Kirschsaft (aus demGlas),
4 EL Speisestärke,
50 g Kirschkonfitüre, 100 ml Kirschwasser, 100 g dunkle Schokolade, Kaiserkirschen und Raspelschokolade zum Verzieren.

Die Schokolade im Wasserbad schmelzen und den Mürbeteigboden damit bestreichen. Die Kirschkonfitüre darüber geben.

Den Biskuitboden entweder mit einem Messer oder mit einem Faden in drei gleiche Teile schneiden. Eine Biskuitscheibe auf den Mürbeteig legen und mit Kirschwasser tränken.

Die Sahne mit Sahnesteif und Zucker sehr fest schlagen.

Die Kirschen abschütten, den Saft auffangen. Die Speisestärke in 5 EL Kirschsaft auflösen. Den restlichen Saft aufkochen und mit der Speisestärke binden. Unter Rühren den Saft etwas andicken lassen, dann vom Herd nehmen und die Kirschen hineinrühren. Die Masse etwas abkühlen lassen und 2 cl Kirschwasser dazu geben.

Die Masse auf dem unteren Biskuitboden verteilen und eine Schicht Sahne darüber geben. Den zweiten Biskuitboden auflegen, leicht andrücken und mit etwas Kirschwasser beträufeln. Eine Schicht Sahne darauf verstreichen und den dritten Boden darauf legen. Die restliche Sahne auf dem Kuchen und ringsum verteilen. Die Torte mit Kaiserkirschen und geraspelter Schokolade verzieren.

Für die schnellere Variante kann man vorgefertigten Mürbeteigboden und Biskuit verwenden. Der Zeitaufwand ist wesentlich geringer. Aber selbst gebackene Böden schmecken natürlich viel besser!

Champagnerempfang

... Es muss nicht immer Kaviar sein

...auch Champagner ist nicht zwingend. Man kann selbstverständlich einen guten Sekt oder einen feinen trockenen Prosecco anbieten. Und dennoch: Es ist ein Unterschied! Das feinperlige Getränk aus der Champagne belebt, regt an und macht gute Laune.

Richten Sie Ihren Empfang in hellem Ambiente aus mit einer Dekoration in zarten Farben und beschwingter klassischer Musik, die ebenso perlt wie der Champagner im Glas.

Zu einem Champagnerempfang gehören natürlich zunächst die klassischen **Canapés**, die man mit einer Hand nimmt, während die andere das Glas umklammert, so dass die tunlichst dazu gereichte Serviette schon zum Platzproblem wird. Nur sehr geübte Gäste schaffen es, gleichzeitig zu trinken und zu essen (mit Serviette), sich dabei zwanglos zu unterhalten und zusätzlich noch mit einem interessanten Gesprächspartner Visitenkaten auszutauschen.

Canapés mit Lachs

1 Baguette, 100 g Butter, 300 g Räucherlachs, 100 ml Sahne, 2 TL Meerrettich

Das Baguette in 2 cm dicke Scheiben schneiden, mit Butter bestreichen und mit Lachs belegen.
Die Sahne steif schlagen, den Meerrettich unterheben und als Klecks auf die Canapés setzen.

Alternativ kann man diese Canapés natürlich auch mit Forelle oder anderem Räucherfisch belegen.
Die Meerrettichsahne passt auch dazu hervorragend.

Canapés mit Leberwurst

1 Baguette, 300 g grobe Leberwurst, 3 EL Dijonsenf, 2 kleine Schalotten, 1 Hand voll Schnittlauch

Die Schalotten schälen und sehr fein schneiden. Die Leberwurst mit dem Senf und den Schalotten vermischen. Das Baguette in 2 cm dicke Scheiben schneiden, dick mit der Leberwurst-Farce bestreichen und mit Schnittlauchröllchen bestreuen.

Canapés mit Früchten

100 g Naturjoghurt, 100 g Frischkäse 200 g Walnusskerne, Salz, Pfeffer, 1 Pck. Pumpernickeltaler, 5 Kiwis (alternativ 1 frische Ananas oder 2 feste Birnen)

Joghurt und Frischkäse verrühren. Die gehackten Walnusskerne unterheben. Mit Salz und Pfeffer würzen. Die Kiwis schälen und in 1 cm dicke Scheiben schneiden. Die Pumpernickelscheiben mit der Creme bestreichen, mit einer Kiwischeibe belegen und wieder einen Klecks Creme darauf setzen. Die Canapés mit einer halben Walnuss dekorieren.

Bei der Zubereitung von Canapés sind Ihrer Phantasie keine Grenzen gesetzt. Erlaubt ist alles was schmeckt. Alle Sorten Fisch, Wurst, Käse und Gemüse, die sich zum Belegen und Aufstreichen eignen. Dekoriert wird mit Klecksen aus Cremes oder Mayonnaise, Gürkchen, Tomaten, Eiern, Kräutern, Salzgebäck, rotem Pfeffer, und natürlich Kaviar...

Blätterteiggebäck mit Lachs

1 Pck. Tiefkühlblätterteig, 200 g Räucherlachs, Mehl für die Arbeitsfläche

Den Blätterteig auftauen lassen. Die einzelnen Blätter nacheinander verarbeiten, d.h. auf einer bemehlten Arbeitsfläche sehr dünn ausrollen (auf ca. 20 x 20 cm) und jeweils in 8 gleich große Stücke schneiden. Die Lachsscheiben in Stücke von jeweils ca. 3 x 3 cm schneiden, auf die Blätterteigstücke legen und fest einrollen. Die Teigröllchen mit etwas Abstand auf ein mit Backpapier belegtes Blech legen und bei 180 Grad etwa 20 Minuten backen bis der Blätterteig goldbraun ist. Die Röllchen lauwarm servieren.

Crêpesröllchen mit Kräutercreme und Nordseekrabben

2 Eier, 100 ml Milch, 100 g Mehl, Salz, Pfeffer, 1 Prise Muskat, 2 EL Butter, Öl zum Backen
Für die Kräutercreme: 200 g Doppelrahm-Frischkäse, 200 g Crème fraîche, 50 ml Sahne, 1 Schalotte, 6 EL sehr fein gehackte Kräuter (Schnittlauch, Petersilie, Rosmarin, Kerbel, Dill, Thymian), 1 EL Zitronensaft, Salz, Pfeffer, Zucker, 400 g Nordseekrabben

Die Eier mit Milch und Mehl verquirlen, mit Salz, Pfeffer und Muskat würzen. Die Butter auslassen und in den Teig geben. Diesen dann für ca. ½ Stunde ruhen lassen. Währenddessen die Kräutercreme zubereiten. Dafür Frischkäse, Crème fraîche und Sahne mit einem Schneebesen zu einer Creme verrühren. Die Schalotte schälen und sehr fein schneiden. Die Kräuter waschen, trockenschütteln und klein hacken, dann zusammen mit der Schalotte und dem Zitronensaft unter die Creme rühren. Mit Salz, Pfeffer und Zucker abschmecken. Aus dem Eierteig in einer beschichteten Pfanne 8 hauchdünne Crêpes backen und auskühlen lassen. Die Crêpes jeweils dick mit Kräutercreme bestreichen. Die Krabben waschen, trocken tupfen und davon in der Mitte einen Streifen auf die Creme legen. Die Crêpes fest einrollen. Die Rolle in Stücke von jeweils 3 bis 4 cm schneiden und mit einem Piekser feststecken.

Helle und dunkle Mousse

Für die dunkle Mousse: 200 g dunkle Schokolade (Kakaoanteil mindestens 70%), 4 cl kalter Espresso, 4 Eier, 1 Pck. Bourbon-Vanillezucker, 1 Prise Salz, 100 ml Sahne

Die Schokolade in Stücke brechen und über dem heißen Wasserbad schmelzen. Den Espresso zugeben. Die Eier trennen. Die Eigelbe mit dem Vanillezucker cremig rühren und in die Schokoladenmasse geben. Die Eiweiße mit 1 Prise Salz zu einem festen Schnee schlagen. Die Sahne schlagen. Eiweißmasse und Sahne unter die Schokoladenmasse heben. Die Mousse in kleine Förmchen oder Tassen füllen und für mindestens 4 Stunden – besser über Nacht – in den Kühlschrank stellen.

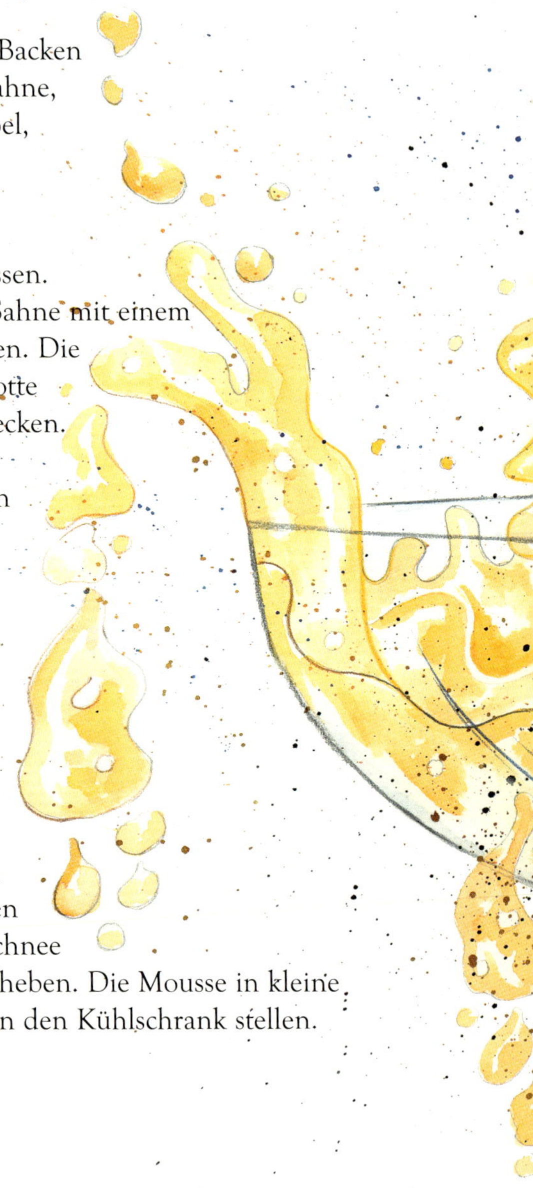

Für die helle Mousse: 200 g weiße Schokolade, 4 Eier, 2 cl Orangenlikör, 1 Pck. Bourbon-Vanillezucker, 100 ml Sahne, 2 Blatt Gelatine

Die Gelatineblätter 5 Minuten in kaltem Wasser einweichen. Die Schokolade in Stücke brechen und über dem heißen Wasserbad schmelzen. Die Eier trennen. Die Eigelbe mit dem Vanillezucker und dem Orangenlikör cremig rühren und in die Schokoladenmasse geben. Die Eiweiße zu einem festen Schnee schlagen; die Sahne ebenfalls steif schlagen. Die Gelatine abtropfen lassen, in 2 EL Wasser erwärmen und auflösen, dann in die Eigelb-Schokoladenmasse rühren. Eiweiß und Sahne unterheben. Die Mousse in kleine Förmchen oder Tassen füllen und für mindestens 4 Stunden – besser über Nacht – in den Kühlschrank stellen.

Vor dem Servieren die Mousseschälchen mit frisch geraspelter Schokolade dekorieren.

Grillparty

... nicht nur zur Sommerzeit

Ein gemeinsames Grillen mit Freunden findet oft spontan statt, nämlich dann, wenn schönes Wetter ist. Aber, haben Sie schon einmal im Winter das Feuer angezündet, wenn es richtig kalt ist, friert oder schneit? Ihre Gäste werden von diesem Erlebnis begeistert sein.

Die Zutaten für ein zünftiges Wintergrillen sind dieselben wie im Sommer: Holzkohle, Fisch, Fleisch und Gemüse. Das kühle Bierchen kann man in der kalten Jahreszeit durch Glühwein oder Rotwein ersetzen.

Ein Grillabend wird ganz entspannt, wenn Sie die wichtigsten Soßen und Beilagen schon am Vortag zubereiten.

Pesto:

1 Bund Basilikum, 4 Knoblauchzehen, ca. 80 g Pinienkerne, ½ TL Salz, 50 g frisch geriebener Parmesankäse, 200 ml Olivenöl, Saft von ½ Bio-Zitrone

Die Basilikumblätter klein hacken und in ein schmales Gefäß füllen. Die sehr fein geschnittenen Knoblauchzehen, Salz, Parmesankäse, Pinienkerne und das Olivenöl hinzufügen und mit einem Stabmixer pürieren.
Zum Schluss für die bessere Haltbarkeit den Zitronensaft zugeben. Noch einmal gut umrühren!
Das Pesto hält sich in einem verschlossenen Glas im Kühlschrank ca. 2 Wochen. Sie können es vor dem Grillen aufs Fleisch streichen oder einen Löffel zum Gemüse rühren oder vor dem Rösten auf Weißbrotscheiben geben.

Barbecue-Soße:

1 Zwiebel, 1 Knoblauchzehe, 4 EL Sesamöl, 200 ml Brühe, 3 EL Zucker, 2 EL roter Balsamico, 2 EL Tomatenmark, 3 EL Salsa-Soße, 1 EL Honig, Salz, Pfeffer

Zwiebel und Knoblauch schälen und klein würfeln, dann im heißen Öl anbraten. Den Zucker zugeben und glasieren. Mit der Brühe ablöschen. Balsamico-Essig, Tomatenmark, Salsa-Soße und Honig hineinrühren. Mit Salz und Pfeffer abschmecken und die Soße ca. 10 Minuten bei geringer Hitze köcheln lassen.

Kräuter-Dip:

200 g Frischkäse mit Joghurt, 200 g Sahnequark, 1 Bund frische gemischte Kräuter (Petersilie, Schnittlauch, Basilikum, Rosmarin, Zitronenmelisse, Dill, Kerbel, o.ä.), Salz, Pfeffer, Zucker

Frischkäse mit Quark verrühren. Die Kräuter waschen, trockenschütteln, sehr fein schneiden und unter die Käse-Quark-Mischung rühren. Mit Salz, Pfeffer und Zucker abschmecken.

Als Grillbeilagen lassen sich diverse Salate sehr gut am Tag vorher zubereiten: Bohnensalat, Salat nach griechischer Art mit Schafskäse und Oliven, Kartoffelsalat in allen Varianten oder Krautsalat. Auch gedünstetes oder gebratenes Gemüse wie Paprikaschoten, Zucchini oder Champignons schmecken am nächsten Tag noch besser.

Zum Grillen eignen sich alle festen Fisch- und Fleischsorten und für Vegetarier stehen mittlerweile verschiedenste Sorten Veggieburger oder Veggiewürstchen bereit.

Seeteufelpäckchen

4 Seeteufelfilets, etwas Pfeffer, 8 Scheiben Schinkenspeck, 4 EL Olivenöl, Pesto oder Kräuterbutter

Die küchenfertig vorbereiteten Seeteufelfilets halbieren oder je nach Größe auch vierteln, pfeffern und mit je einer Scheibe Schinkenspeck umwickeln. Mit Öl oder Kräuterbutter bestreichen und bei mäßiger Hitze von jeder Seite 3 bis 4 Minuten grillen.

Garnelenspieße

20 Riesengarnelen (roh, geschält), 100 g fester Fetakäse oder Halloumi-Käse, 10 Kirschtomaten
Für die Marinade: 1 Knoblauchzehe, 6 EL Sesamöl, Saft von 1 Bio-Orange, 2 EL weißer Rum

Die Garnelen waschen und trocknen. Den Fetakäse in Würfel schneiden. Die Knoblauchzehe schälen und fein hacken. Öl, Orangensaft und Rum verrühren und den Knoblauch zugeben. Garnelen und Käsewürfel in der Marinade wenden und 3 bis 4 Stunden ziehen lassen. Garnelen, Kirschtomaten und Käsewürfel abwechselnd auf Spieße stecken und bei geringer Hitze von jeder Seite 3 bis 4 Minuten grillen.

Thunfischsteaks

4 Thunfischsteaks, Salz, Pfeffer
Für die Marinade: 5 EL Olivenöl, 1 Bio-Zitrone (alternativ 2 EL Pesto)

Die Steaks waschen, trockentupfen und mit etwas Salz und Pfeffer einreiben. Aus Olivenöl und Zitronensaft eine Marinade rühren. Man kann auch die abgeriebene Zitronenschale zugeben. Die Fischsteaks mit der Marinade einreiben und ca. 1 Stunde ziehen lassen. Die Steaks von jeder Seite 2 bis 3 Minuten grillen. Sie dürfen nicht zu trocken werden.

Hähnchensteaks

2 Hähnchenbrustfilets, Salz, Pfeffer
Für die Marinade: 1 EL Honig, ½ TL Curry, 1 EL Sesamöl, Saft von ½ Bio-Zitrone

Die Filets waschen, trockentupfen und halbieren, salzen und pfeffern.
Honig, Curry, Öl und Zitronensaft verrühren und das Fleisch vor dem Grillen damit bestreichen.
Die Hähnchensteaks bei mäßiger Hitze von jeder Seite 4 bis 6 Minuten grillen.

Spareribs

6 Schweinerippchen, 2 Liter Brühe, 6 EL Barbecue-Soße (Seite 61)

Die Rippchen waschen und in der Brühe ca. 30 Minuten kochen. Das Fleisch abkühlen lassen und portionieren. Mit der Barbecuesoße bestreichen und ca. 30 Minuten ziehen lassen. Die Soße nicht abwaschen. Das Fleisch von jeder Seite etwa 5 Minuten grillen. Zu den fertigen Rippchen ebenfalls die Barbecuesoße reichen.

Argentinisches Rinderfilet

4 Scheiben argentinisches Rinderfilet (je 250 g), 4 TL Pesto, Salz, Pfeffer

Die Steaks von jeder Seite 5 bis 7 Minuten bis zur gewünschten Garung braten. Kurz vor Ende der Garzeit salzen, pfeffern und mit Pesto bestreichen.

Zu allen Grillgerichten frisches Weißbrot reichen. Das schmeckt besonders gut, wenn man die Scheiben mit Pesto oder Kräuterbutter bestreicht und für 1 Minute mit auf den Grill legt.

Unser Tipp:

Bitte zünden Sie rechtzeitig die Holzkohle an – mindestens eine halbe Stunde vor Grillbeginn.
Die Kohle muss weißglühend sein, sonst kommt es zu gesundheitsschädlicher Rauchentwicklung.

Herrenabend

Selbst ist der Mann...

Ob Fußballspiel, Skatabend oder allgemeines Männertreffen. Überraschen Sie Ihre Freunde und servieren Sie zum Bier doch mal etwas Selbstgemachtes.

Currywurst

Für 4 Personen

1 kg frische Bratwurst, Öl zum Braten

Für die Soße: 2 Zwiebeln, 4 EL Olivenöl, 2 EL Zucker, 200 ml Gemüsebrühe, Salz, Pfeffer, 2 EL roter Balsamico, 1 Dose Tomaten in Stücken, 3 EL Tomatenmark, 3 EL Salsa-Soße, 1 EL Honig, 2 TL Curry

Die Bratwürste in heißem Olivenöl in einer großen Pfanne von jeder Seite 5 Minuten kross braten, vom Herd nehmen und zur Seite stellen.

Für die Soße:
Die Zwiebeln schälen, fein schneiden und in Olivenöl anbraten. Den Zucker zugeben. Die Masse glasieren. Mit etwas Brühe und Balsamico ablöschen. Die Tomaten zugeben. Tomatenmark, Salsa und Honig einrühren, mit Curry, Salz und Pfeffer würzen. Die Soße 10 Minuten leicht köcheln lassen. Sollte sie zu dickflüssig werden, mit etwas Brühe aufgießen. Die Bratwürste in Scheiben von ca. 2 cm schneiden und in der Soße servieren.

Kartoffeln aus dem Ofen

Für 4 Personen

1 kg festkochende Kartoffeln, 3 EL Olivenöl, Salz, Pfeffer, 2 Zweige Rosmarin

Den Backofen auf 200 Grad vorheizen. Die Kartoffeln waschen, dabei die Schale gut säubern und mit einem Tuch abtrocknen. Kartoffeln in ca. 2 cm dicke Scheiben oder Stifte schneiden. Die Rosmarinnadeln abzupfen und klein hacken. In einer Schüssel das Olivenöl über die Kartoffeln geben. Salz und Pfeffer sowie die Kräuter darüber streuen. Alles gut vermischen. Die Kartoffeln auf ein mit Backpapier belegtes Blech legen und auf mittlerer Schiene ca. 20 Minuten backen.

Parmesanchips

Parmesankäse am Stück in beliebiger Menge

Den Backofen auf 200 Grad vorheizen. Den Parmesankäse hobeln und jeweils mit einem Esslöffel kleine Häufchen auf das mit Backpapier ausgelegte Backblech setzen. Leicht andrücken, so dass Kreise von ca. 4 cm Durchmesser entstehen. Auf mittlerer Schiene für ca. 8 Minuten backen, bis die Taler hellbraun sind. Die Chips herausnehmen und auf dem Backpapier abkühlen lassen. Für weitere Backgänge jeweils neues Backpapier verwenden. Die Chips können Sie sehr gut am Tag vorher zubereiten.

Roastbeef mit Remoulade

1 kg Roastbeef, 50 g Butterschmalz

Für die Remoulade: 3 Becher Crème fraîche, 60 ml Sahne, 3 EL Senf, 8 - 10 Essiggürkchen oder Cornichons (je nach Größe), 3 hart gekochte Eier, 1 Bund Schnittlauch, Salz, Zucker

Den Backofen auf 100 Grad vorheizen. Ein mit Backpapier belegtes Backblech mit darüber liegendem Grillrost in die Mitte schieben. Das Fleisch in einer beschichteten Pfanne im heißen Butterschmalz rundum, d.h. auch an den Seiten, anbraten, damit sich die Poren schließen. Vorher nicht salzen oder pfeffern!

Das Fleisch aus der Pfanne nehmen, im Backofen auf den Grillrost legen und bei 100 Grad etwa 2½ bis 3 Stunden garen. (Man kann das Fleisch sehr gut am Vortag zubereiten und in Folie verpackt im Kühlschrank lagern.) Zum Servieren das Fleisch in Millimeter dicke Scheiben schneiden, auf einer Platte anrichten und dann erst salzen und pfeffern.

Für die Remoulade Crème fraîche, Sahne und Senf verrühren. Gürkchen, Eier und Schnittlauch sehr klein schneiden und unter die Soße mischen. Mit Salz und Zucker abschmecken.

Herrencreme

Eine Herrencreme besteht grundsätzlich aus den Zutaten Vanillepudding, geschlagene Sahne, geraspelte Schokolade und Rum.

1 Päckchen Vanillepudding für 500 ml Milch nach Packungsangabe zubereiten. Rum (ca. 4 cl) und 100 Gramm geraspelte zartbittere Schokolade einrühren. 200 ml Sahne steif schlagen und unterheben. Fertig!

Die feinere Variante ergießt sich auf einem Meer von Kirschen. Sie benötigen dann zusätzlich 1 großes Glas Sauerkirschen (ca. 680 g), Speisestärke sowie etwas Zucker und Zimt.

Die Kirschen abtropfen lassen. Den Saft auffangen. 5 EL Saft und 2 EL Speisestärke verrühren. 300 ml Kirschsaft und 1 EL Zucker aufkochen. Die Kirschen unterheben und mit etwas Zimt abschmecken. Die Kirschmasse in einer großen Schüssel auskühlen lassen. Dann die Puddingcreme darauf verteilen. Vor dem Servieren mit geraspelter Schokolade bestreuen.

Unser Tipp:

Für den Katerkiller am nächsten Morgen:
6 cl Tomatensaft mit 1 Spritzer Tabasco und 1 Spritzer Worcestersauce mischen und etwas frisch gemahlenen Pfeffer darüber geben.

Picknick

... mit Schirm, Charme und Melone

Man nehme alle schönen und nützlichen Dinge für ein Picknick im Grünen: Sonnenschirm, Decke, Gläser, Geschirr, Besteck, Servietten

Zum Essen bieten sich an: Mettwürstchen, Frikadellen, Käsestangen, Baguettebrote, Salate, Kuchen, Käsewürfel, frisches Obst (Äpfel, Birnen, Bananen) und geschnittenes Gemüse (Paprikaschoten, Möhren), Tomaten, Radieschen, hart gekochte Eier, diverse Dips (z.B. Kräuterdip, Avocadodip) und Lieblingsgetränke

Dann breite man sich an einem wunderbaren Plätzchen aus und genieße den Sonnenschein.

Zur Vorbereitung einige Rezepte:

Mohnkuchen

3 Bio-Orangen, 1 Bio-Zitrone, 250 g weiche Butter, 150 g Zucker, 50 g Puderzucker, 1 Pck. Bourbon-Vanillezucker, 100 g Mohn, 1 Prise Salz, 6 Eier, 400 g Mehl, 1 TL Weinstein-Backpulver, 150 g Vollmilchjoghurt, 100 g Mascarpone, 4 cl Grand-Marnier, 100 g Puderzucker zum Bestreuen

Den Backofen auf 180 Grad vorheizen. Die Orangen und die Zitrone auspressen, den Saft auffangen. Butter mit Zucker, Puderzucker, Salz und den Eiern schaumig schlagen. Backpulver unter das Mehl mischen, den Mohn zugeben und mit dem Saft aus den Orangen und Zitronen in die Buttermischung rühren. Joghurt, Mascarpone und Grand Marnier zugeben und alles zu einem glatten Teig verarbeiten. Den Teig in eine Springform füllen und ca. 50 Minuten backen. Nach dem Abkühlen mit Puderzucker bestreuen.

Rhabarber-Streuselkuchen

Für ein Blech

600 g junger Rhabarber, 400 g Mehl, 250 g Haferflocken, 400 g Butter, 400 g Zucker, 1 Pck. Bourbon-Vanillezucker

Den Backofen auf 190 Grad vorheizen.
Mehl, Haferflocken, die Butter (in Flocken) und 350 g Zucker sowie den Vanillezucker in einer großen Schüssel mit den Händen zu Streuseln kneten. Zwei Drittel der Streusel auf ein gefettetes Backblech geben und andrücken. Im Backofen auf mittlerer Schiene 10 Minuten backen. Währenddessen den Rhabarber waschen, die Außenhaut abziehen und die Stängel in kleine Stücke von ca. 3 cm schneiden. Den Boden damit belegen und mit dem restlichen Zucker bestreuen. Die übrigen Streusel darüber krümeln und den Kuchen weitere 30 Minuten backen.

Zu den Kuchen kann man Vanillesoße reichen, die sich in einem verschlossenen Gefäß picknickgerecht transportieren lässt.

Vanillesoße:

400 ml Milch, 3 EL Zucker, 1 Vanilleschote, 2 Eier, 1 Becher Sahne, 1 EL Speisestärke

Die Vanilleschote längs halbieren und das Mark herauskratzen. Die Milch mit Zucker, Vanillemark und Schote aufkochen. Die Eier mit Sahne und Speisestärke aufschlagen und in die Milch einrühren. Die Schote herausnehmen und noch einmal aufkochen. Die Soße schmeckt warm und auch kalt.

Griechischer Salat:

2 rote Paprikaschoten, 2 kleine Zucchini, 2 mittlere Tomaten, ½ Salatgurke, 2 rote Zwiebeln, 1 Knoblauchzehe, 100 g Oliven (ohne Stein), 300 g Schafskäse, 1 Dose Thunfisch
Für die Salatsoße: 5 EL Olivenöl, 2 EL Balsamico-Essig, Saft von ½ Bio-Zitrone, Salz, Pfeffer, 1 Hand voll frische Kräuter (Oregano, Basilikum, Rosmarin, Lavendel)

Das Gemüse putzen, waschen und getrennt in mundgerechte Stücke schneiden. Die Zwiebeln schälen und in Ringe schneiden. Den Knoblauch schälen und hacken. Den Thunfisch abtropfen lassen. Alle vorbereiteten Zutaten vermengen. Aus Olivenöl, Balsamico-Essig und Zitronensaft eine Soße rühren, mit Salz und Pfeffer würzen und zum Schluss die fein gehackten Kräuter hineinrühren. Die Soße über den Salat geben, vorsichtig vermengen und alles 20 Minuten ziehen lassen.

Kartoffelsalat:

1 kg fest kochende Kartoffeln, 200 g Speck, 1 Zwiebel, 10 Essiggürkchen, ½ Liter Gemüsebrühe, 1 EL Senf, Salz, Pfeffer, 3 EL Sonnenblumenöl, 1 EL Weißweinessig, 1 Hand voll frische Kräuter

Die Kartoffeln mit der Schale gar kochen. Währenddessen den gewürfelten Speck mit den klein geschnittenen Zwiebeln kurz andünsten und die Brühe aufwärmen. Die Kartoffeln noch warm abpellen und in Scheiben schneiden. Die Brühe mit Senf und Essig verrühren und über die Kartoffeln geben. Speck und Zwiebeln und die klein geschnittenen Gürkchen untermischen. Den Salat am Besten über Nacht ziehen lassen. Vor dem Servieren etwas Öl und nach Belieben einige Löffel Mayonnaise oder Crème fraîche und die fein geschnittenen Kräuter unterheben.

Leichter Avocado-Dip:

1 vollreife Avocado, Saft von 1 Limette, 150 g Frischkäse mit Joghurt, Salz, Pfeffer, Knoblauch nach Belieben

Das Fruchtfleisch der Avocado fein würfeln und zusammen mit den übrigen Zutaten pürieren. Mit Salz und Pfeffer kräftig abschmecken. Nach Wunsch klein geschnittenen Knoblauch unterrühren.

Sommerlicher Melonensalat

500 g Wassermelone, 1 kleine Honigmelone, 50 ml bestes Sesamöl, 50 ml Asia-Sweet-Chili-Soße, 3 EL weißer Balsamico, 2 EL Puderzucker, Saft von ½ Bio-Zitrone, 1 Prise Salz, einige Blätter Zitronenmelisse zum Verzieren

Aus den Melonen das Fleisch herauslösen und in Würfel schneiden. Das Öl mit den weiteren Zutaten zu einem Dressing rühren und über die Melonenwürfel geben. Etwa 30 Minuten ziehen lassen. Vor dem Servieren die fein geschnittenen Melissenblätter über den Salat streuen.

Käsestangen

1 Pck. Blätterteig, 100 g geriebener Gouda

Backofen auf 180 Grad vorheizen.
Den Blätterteig in Quadrate von
10 x 10 cm schneiden, jeweils mit Käse
bestreuen, zu Rollen formen
und ca. 20 Minuten backen.

Unser Tipp:

Ein Picknick macht allen Spaß, nur nicht der geplagten Hausfrau, die alles besorgen, an alles denken und alles vorbereiten muss. Deshalb sollte man die Aufgaben gezielt nach einem festen Plan verteilen. Wenn jeder etwas beiträgt, und zwar vorher und nachher, dann wird es ein entspanntes Fest.

Valentinstag

… mit Herz und Verstand

und natürlich mit roten Rosen, Kerzenlicht, Lieblingsmusik und Champagner

Krabbencocktail

Für 2 Personen

150 g Nordseekrabben, 1 Salatherz, 2 große Champignons, 4 EL Erbsen, 4 Walnusshälften, 4 EL Mayonnaise, 2 EL Sahne, 1 EL Tomatenmark, 2 EL Weinbrand, Salz, Pfeffer, Zucker, etwas Petersilie, 1 Bio-Zitrone

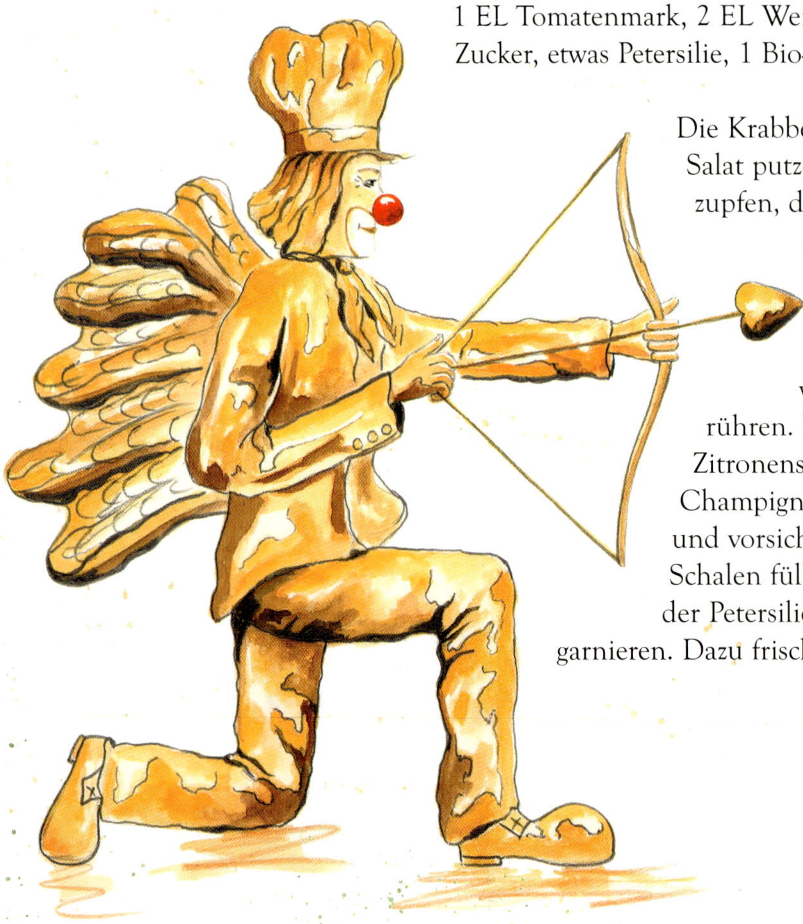

Die Krabben waschen und trockentupfen. Den Salat putzen, waschen und in kleine Stücke zupfen, die Champignons in Scheiben schneiden. Die Erbsen einige Minuten in Salzwasser bissfest garen und abgießen.

Aus der Mayonnaise und den weiteren Zutaten eine Soße rühren. Mit Salz, Pfeffer, Zucker und Zitronensaft abschmecken. Krabben, Salat, Champignons und Erbsen in die Soße geben und vorsichtig mischen. Den Cocktail in Schalen füllen, mit den Walnüssen, der Petersilie und einer Zitronenscheibe garnieren. Dazu frisches Baguette reichen.

Spaghetti Bolognese

Für 2 Personen

250 g Spaghetti, 3 EL Olivenöl, 200 g Rinderhackfleisch, 1 EL klein geschnittener magerer Speck, 1 Schalotte, 2 Knoblauchzehen, 1 Möhre, 100 g Sellerie, 1 kleines Glas kräftiger Rotwein, 400 g stückige Tomaten, 200 ml Gemüsebrühe, Salz, Pfeffer, 1 TL Zucker, 1 Hand voll frische Kräuter (ersatzweise getrocknete italienische Kräuter), Parmesankäse zum Bestreuen

Schalotte, Knoblauch, Möhre und Sellerie putzen und klein schneiden. Schalotte und Knoblauch mit dem Hackfleisch und den Speckstückchen im heißen Olivenöl in einer großen Pfanne kräftig anbraten. Möhre und Sellerie zugeben und kurz mitbraten. Mit dem Rotwein ablöschen. Die Tomaten in die Pfanne geben und eventuell noch etwas Brühe hinzufügen. Das Ganze etwa eine Stunde leicht köcheln lassen. Regelmäßig umrühren und nach Bedarf Brühe zugießen. Zum Schluss mit Salz, Pfeffer und Zucker abschmecken und die klein geschnittenen frischen Kräuter unterrühren. Die Nudeln bissfest garen, abschütten und im Topf mit der Soße vermischen. Ca. 1 Minute ziehen lassen und noch einmal unterrühren. Auf großen Tellern anrichten und mit frisch geriebenem Parmesankäse bestreuen.

Dazu ein Glas des kräftigen Rotweins reichen, der sein Aroma schon in der Soße entfaltet hat.

Kleine Espressokuchen

Für 4 Stück

50 g dunkle Schokolade, 50 g Butter, 3 Eier, 60 g Zucker, 1 EL Espressopulver (instant), 1 Prise Salz, 50 g gemahlene Mandeln, 1 EL Zucker

Den Backofen auf 180 Grad vorheizen.
Die Schokolade zerkleinern und über dem heißen Wasserbad schmelzen. Danach etwas abkühlen lassen.
Die Eier trennen. Die Eigelbe mit der Butter, dem Zucker und dem Espressopulver cremig rühren, bis sich der Zucker vollkommen aufgelöst hat. Die Schokomasse unterrühren. Die Eiweiße mit einer Prise Salz steif schlagen und zusammen mit den gemahlenen Mandeln unter den Teig heben.
4 Espressotassen fetten, mit etwas Zucker ausstreuen und den Teig gleichmäßig hineinfüllen. Eine Auflaufform zu einem Drittel mit heißem Wasser füllen. Die Tassen hineinstellen und auf mittlerer Schiene etwa 30 Minuten backen.

Die Küchlein abkühlen lassen und vor dem Servieren mit Puderzucker oder Kakaopulver bestreuen.

Fitness

… mit Sport, Spaß und Küchenclowns

Bewegung ist wichtig! Das weiß jeder. Aber sie muss auch Spaß machen und außerdem fängt die Erhaltung unserer Gesundheit zunächst mit gutem Essen an. Verwenden Sie deshalb – wenn möglich – immer frische Zutaten in Bioqualität.

Nachstehend ein Vorschlag für eine leichte, leckere Mahlzeit, die Ihre Fitnessambitionen unterstützen wird:

Leichte Nudelvariation mit Spinat

Für 4 Personen

350 g Spaghetti, 2 Knoblauchzehen, 2 Lauchzwiebeln, 200 g frischer Blattspinat, 300 g kleine Cocktailtomaten, 1 Hand voll frische Kräuter (Basilikum, Thymian, Schnittlauch), 200 g King Prawns (tief gekühlt, roh, geschält, glasiert – nicht aus Aquakultur), Parmesankäse zum Reiben

Zur Vorbereitung den Spinat putzen. Die Kräuter, die Knoblauchzehen und Lauchzwiebeln sehr klein schneiden. Die Cocktailtomaten waschen und halbieren. Die aufgetauten King Prawns in 1 EL Olivenöl von jeder Seite zwei Minuten kross anbraten und vom Herd nehmen.

Die Nudeln in kochendem Salzwasser bissfest garen und abschütten.

In 3 EL Olivenöl den Spinat zusammen mit dem Knoblauch, den Lauchzwiebeln und den Tomatenhälften andünsten. Nach ca. zwei Minuten Nudeln, Kräuter und King Prawns zugeben und alles vorsichtig vermischen. Nach Belieben salzen und pfeffern. Die Hitze ganz zurücknehmen und nach weiteren 3 Minuten alles noch einmal vorsichtig in der Pfanne wenden. Sollten die Nudeln zu trocken sein, dann 1 – 2 EL Olivenöl darüber geben.

Die Nudeln auf Tellern anrichten und mit frisch geriebenem Parmesankäse servieren.

Erdbeer-Limettencreme

Für 4 bis 8 Gläser je nach Größe und für alle, die süßen Nachtisch lieben

400 g Frischkäse mit Joghurt oder Frischkäse light, 1 Bio-Limette,
200 g Erdbeeren,
2 Pck. Bourbon-Vanillezucker (alternativ 1 EL Ahornsirup),
50 g Puderzucker,
dunkle Schokolade zum Raspeln

Den Frischkäse mit Puderzucker und Vanillezucker zu einer cremigen Masse rühren. Die Creme teilen. Die Limette waschen, ca. 1 TL Schale abraspeln und dann zusammen mit dem Saft in die erste Hälfte der Creme geben. 50 g Erdbeeren pürieren und mit der restlichen Masse verrühren. Die Cremes für einige Stunden in den Kühlschrank stellen. Vor dem Servieren die restlichen Erdbeeren verlesen und mit 1 EL Zucker bestreuen. Zitronencreme und Erdbeercreme abwechselnd in Gläser schichten. Die gezuckerten Erdbeeren zwischen die Schichten und darüber geben und mit geraspelter Schokolade dekorieren.

Anstatt der Erdbeeren kann man natürlich auch Himbeeren, Brombeeren oder Waldbeeren verwenden.

Wellness

... mit dem Rundum-Wohlfühl-Paket

Gönnen Sie sich doch mal ein gutes kulinarisches Gewissen.

Friséesalat mit Feigen, Lachs und Avocado

Für 4 Personen

1 Kopf Friséesalat, 4 frische Feigen, 1 reife Avocado, 100 g Räucherlachs

Für das Dressing: 6 EL Sonnenblumenöl, 2 EL Himbeeressig, 1 EL Zitronensaft, Salz, Pfeffer a. d. Mühle, Zucker

Den Salat putzen, gut waschen und trockenschleudern, dann in kleine Stücke zupfen. Die Feigen waschen, trocknen und achteln. Die Avocado halbieren und den Kern heraustrennen. Das Fruchtfleisch aus der Schale lösen und in Stücke schneiden. Den Räucherlachs in Streifen schneiden. Den Salat mit den Feigen- und Avocadostücken auf Tellern anrichten.
Die Zutaten für das Dressing verrühren und über den Salat geben. Zum Schluss mit den Lachsstreifen garnieren.

Entenbrust mit Mango und Chili

Für 4 Personen

2 Entenbrustfilets (jeweils ca. 350 g), 2 EL Sojasoße, 1 EL Honig, 3 EL Sesamöl, Salz, Pfeffer, ½ Bund Frühlingszwiebeln, 1 kleine Chilischote, 1 Knoblauchzehe, 1 Bio-Orange, 4 cl Orangenlikör, ½ Liter Brühe, 1 reife Mango

Die Entenbrust waschen und trockentupfen, dann mit dem Hautfett in 1 cm breite Streifen schneiden. Sojasoße und Honig verrühren und das Fleisch darin eine halbe Stunde marinieren.

Die Frühlingszwiebeln putzen und in kleine Ringe schneiden.

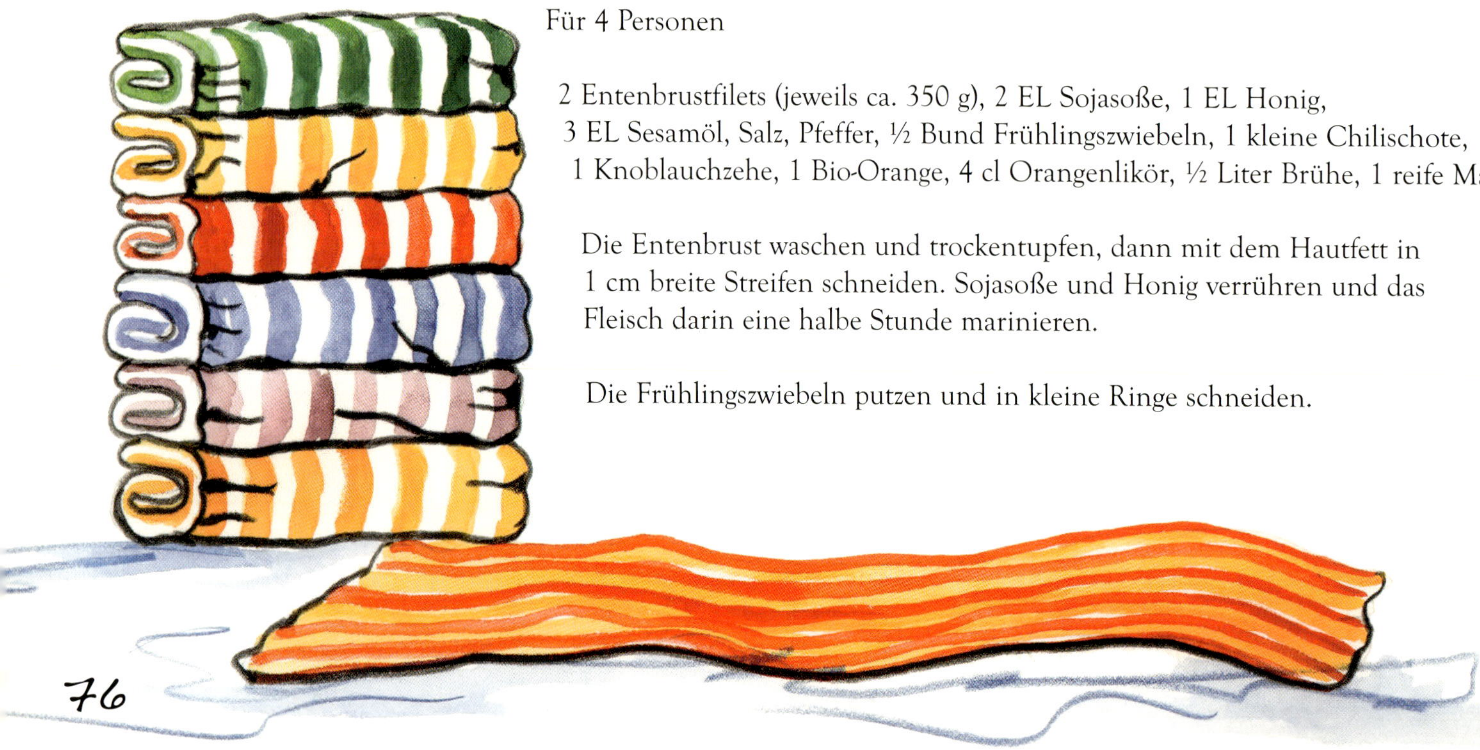

1 EL Sesamöl erhitzen. Zwiebeln, Knoblauch und Chili darin leicht anbraten. Mit der Hälfte der Brühe ablöschen. Die Orange auspressen und den Saft sowie den Orangenlikör in die Soße geben. Auf kleiner Flamme etwa 20 Minuten köcheln lassen. Nach und nach mit der restlichen Brühe auffüllen.

Die Entenbrust in einzelnen Portionen nacheinander von jeder Seite in jeweils 1 EL Sesamöl kross anbraten. Die Hitze wegnehmen und 5 bis 6 Minuten sanft weiter braten, salzen und pfeffern. Das Fleisch aus der Pfanne nehmen und im Backofen bei 80 Grad warm stellen. Den Bratensatz mit der restlichen Brühe loskochen und in die Soße geben.
Die Mango schälen und das Fruchtfleisch in Würfel von ca. 2 x 2 cm schneiden. Wenn die Soße cremig ist, das Fleisch und das klein geschnittene Mangofruchtfleisch hinein geben und ca. 2 Minuten zusammen ziehen lassen.

Dazu körnigen Langkornreis oder Bandnudeln reichen.

Zu diesem kleinen Menü passt ein leichter fruchtiger Rosé.

Harmonie

... für Körper, Geist und Seele

Das will natürlich gelernt sein. Daran muss man arbeiten. Aber Übung macht den Meister und eine harmonisch abgestimmte Mahlzeit schwingt diese drei Elemente auf hoher Ebene ein.

Feine Kräuterschaumsuppe

Für 6 Personen

Je 1 Hand voll Petersilie, Schnittlauch, Kerbel, Zitronenmelisse, Estragon, Dill und Kresse, 500 g Kartoffeln, 1 Bund Lauchzwiebeln, 3 EL Olivenöl, Salz, 1 Liter Gemüsebrühe, 200 ml Sahne, 100 ml geschlagene Sahne

Die Kartoffeln schälen, waschen und würfeln. Die Lauchzwiebeln putzen und in kleine Ringe schneiden. Die Kräuter grob hacken. Einige Blätter oder Stängel zur Dekoration zurück behalten. Die Kartoffelwürfel und die Lauchzwiebeln im heißen Olivenöl anbraten, salzen und mit der Brühe auffüllen. Für ca. 15 Minuten leicht kochen lassen, dann die Kräuter und die flüssige Sahne zugeben und weitere 5 Minuten köcheln lassen. Vor dem Anrichten die Suppe pürieren, in einzelne Teller füllen, jeweils einen EL geschlagene Sahne darüber geben und mit den restlichen Kräutern dekorieren.

Fenchelratatouille mit Kabeljau

Für 6 Personen

1 Zwiebel, 3 oder 4 Tomaten je nach Größe,
2 Fenchelknollen, 50 g Butter, Salz, Pfeffer, 6 Kabeljaufilets,
Saft von 1 Bio-Zitrone

Die Zwiebel schälen und klein hacken. Den Fenchel und die Tomaten in feine Scheiben bzw. Stücke schneiden. Die Butter in einer Pfanne erhitzen und die Zwiebel darin anbraten. Fenchel und Tomaten zugeben und mit Salz und Pfeffer würzen. Bei geringer Hitze ca. 20 Minuten dünsten.

Währenddessen den küchenfertig vorbereiteten Fisch waschen, trocknen und mit Zitronensaft beträufeln. Die Filets in großen beschichteten Pfannen in Butter bei mäßiger Hitze von jeder Seite etwa 4 Minuten braten. Zum Schluss mit Salz und Pfeffer würzen und mit dem Fenchelratatouille auf vorgewärmten Tellern anrichten.

Dazu Weißbrot oder Bandnudeln reichen und das Ganze mit einem fruchtigen Weißwein abrunden.

Inhaltsverzeichnis

III. Besondere Feste und Gelegenheiten

IV. Gesundheit

Über die Autoren

Die Bilder in diesem Buch entstammen der Feder des bekannten Bonner Künstlers, Jan Künster, geb. 1951, der nach dem Besuch der Kölner Kunstschule eine Ausbildung zum Offset-Reprografen absolvierte und sich dann bereits Anfang der 80er Jahre der freien Malerei zuwandte. Durch seine dynamischen Pferdebilder ist er in kurzer Zeit international bekannt geworden. Seine Arbeiten wurden in zahlreichen Einzelausstellungen weltweit gezeigt. Die Originale seiner Bilder befinden sich heute unter anderem in Museen und in bedeutenden Privatsammlungen.

Das Gesamtwerk des Künstlers ist sehr vielfältig. Neben den Bewegungsstudien aus den Bereichen des Pferdesports und des Golfsports malt Jan Künster auch Bilder mit dem Lokalkolorit des Rheinlandes, die viele Bewunderer und Sammler gefunden haben. Mit den lustigen Küchenclowns hat er eine neue Spezies erschaffen, deren Sinn und Zweck darin besteht, den Betrachter froh zu stimmen und zum Lächeln zu bringen. Die Darstellungen der Küchenclowns sind positive Begleiter des Alltags mit dem erklärten Anspruch gute Laune zu verbreiten.

Die Texte in diesem Buch wurden verfasst von Milca Künster, geb. 1953, die als selbständige Rechtsanwältin eine eigene Kanzlei in Bonn unterhält. Neben ihrer Anwaltstätigkeit schreibt sie die Texte zu all den Werken ihres Mannes, nicht nur zu den Büchern, sondern auch für PR, Marketing und Management.

Die Rezepte in diesem Buch wurden von den Autoren gemeinsam entwickelt, erprobt, gekocht, gebacken und probiert.

Die Arbeit der Autoren wird getragen von der Unterstützung und der Mitarbeit einer großen Familie. Die drei erwachsenen Kinder des Ehepaares tragen mit Partnern und Freunden durch Anregungen, spontane Gedanken und kreative Ideen immer wieder dazu bei, dass zahlreiche schöne Projekte in Harmonie realisiert werden können.

Weiteres erfahren Sie unter: www.jan-kuenster.com

Von den Autoren ebenfalls erschienen:

1999 - Carneval Colonia, Bildband
2000 - Der Zauber des Pegasus, Bildband
2005 - Culinaria Colonia, Band 1, Kochbuch
2006 - Charisma Colonia, Bildband
2007 - Culinaria Colonia, Band 2, Kochbuch
2010 - Die Küchenclowns reisen durch Italien, Kochbuch
2011 - Die Kunst der Kölschen Lebensart, Bildband

Kataloge aus dem Werk von Jan Künster sind erhältlich zu folgenden Kunstkollektionen:

Küchenclowns
Colonia
Bonn und das Rheinland
Pferde
Animals
Golf
Faces und Edition Femmes

Notizen